Die Welt der
Maya, Inka und Azteken

Die Welt der Maya, Inka und Azteken

Text und Fotos
von Henri Stierlin

Gondrom Verlag Bayreuth

Produced by
AGENCE INTERNATIONALE D'EDITION JEAN F. GONTHIER
8, avenue Villardin, 1009 Pully (Switzerland)

Vordere Umschlagseite:
Die große Pyramide der Inschriften, ein Werk der klassischen Maya-Kultur, erbaut im Jahr 692.

Vorsatzblätter:
Der Gouverneurspalast in Uxmal (Yucatán), ein Werk der Maya aus dem 8.–9. Jahrhundert unserer Zeitrechnung. Dieses Bauwerk, dessen fast 60 Meter langen Mittelbau unser Bild zeigt, ist das Meisterwerk der präkolumbischen Architektur in Mexiko. Im Vordergrund der Thron des Doppelköpfigen Jaguars.

Titelseite:
Porträt-Vase aus Moche, Peru. Die klassische Mochica-Kultur hat eine wundervolle bunte Keramik geschaffen, die zwischen dem 2. und 8. Jahrhundert unserer Zeitrechnung in Blüte stand. Die stolze Haltung und der lebendige Ausdruck des Dargestellten zeugen für das Streben dieser Kunst nach naturgetreuer Wiedergabe (Völkerkunde-Museum, Genf).

Rückseite:
Die Inka-Festung Machu Picchu, die der amerikanische Forscher Hiram Bingham 1911 im Dschungel entdeckte.

© der Weltrechte:
Agence Internationale d'Edition
Jean F. Gonthier
CH-1009 Pully (Schweiz), 1979

© der deutschen Exklusiv-Lizenzausgabe:
Gondrom Verlag Bayreuth, 1979
Deutsche Übersetzung: Tonio Kalle
Endredaktion der deutschen Ausgabe: Diethard H. Klein
ISBN 3-8112-0175-1
Printed in Spain by Editorial Fher, S.A.

Inhalt

Einleitung... 6

Kapitel I:
Klassische Metropolen der Maya...................... 10

Kapitel II:
Die prunkvollen Paläste von Uxmal................... 18

Kapitel III:
Chichén-Itzá: die toltekische Maya-Renaissance....... 26

Kapitel IV:
Die „Götterstädte" Teotihuacán und Monte Albán...... 43

Kapitel V:
Die Totonaken der Golfküste
und die Völker des Nordens........................... 56

Kapitel VI:
Das Reich der Azteken............................... 64

Kapitel VII:
Peru vor den Inka.................................... 68

Kapitel VIII:
Das kollektivistische Inkareich........................ 86

Einleitung

Die Entdeckung der Neuen Welt durch Kolumbus im Jahre 1492 - wahrscheinlich waren um das Jahr 1000 Einfälle der Wikinger nach Labrador vorausgegangen -, bedeutete den völligen Untergang der Kulturen, die bis zu diesem Zeitpukt in den weiten Landschaften Amerikas in Blüte standen. Wie für die Azteken in Mexiko, die Cortez zwischen 1519 und 1547 besiegte, bedeutete für die Inka in Peru, die von den Soldaten Pizarros zwischen 1524 und 1536 verfolgt wurden, das Erscheinen des weißen Mannes eine entsetzliche Katastrophe. Unter dem Vorwand der Bekehrung dieser Götzendiener zum Christentum verübten die Spanier auf ihrer Jagd nach Gold und Sklaven grausamen Völkermord.

Eine Handvoll tollkühner Abenteurer, fest entschlossen, sich zu bereichern, löschte dank eines beträchtlichen technischen Vorsprungs–Eisenverhüttung, Feuerwaffen, Hochseeschiffe, Kavallerie usw. - diese großen, als präkolumbisch bezeichneten Kulturen aus. Erst die Wißbegier Alexander von Humboldts führte im frühen 19. Jahrhundert zur Geburt der amerikanischen Archäologie und zur Wiederentdeckung dieser alten Kulturen.

Die Kulturen des präkolumbischen Amerika haben sich in historischer Zeit in völliger Isolation, ohne jede Verbindung mit den Kulturen der übrigen Kontinente, entwickelt. Die Bevölkerung bildete sich in der Altsteinzeit aus Jägern, die vor mehr als 40 000 Jahren die vereiste Beringstraße überquert hatten. Sie drangen nach Alaska vor und wanderten allmählich südwärts bis nach Feuerland. Dann rissen die Verbindungen ab...

Amerika folgte also einer eigenen Entwicklung, die zugleich originell und paradox war. Sie weist in der Tat beträchtliche Lücken und überraschende Entdeckungen auf. Während die Präkolumbier Rad, Töpferscheibe und Pflug nicht kannten und keine Haustiere hielten außer Hund, Truthahn und Biene (in Peru auch noch das Lama), beherrschten sie bereits die Kunst des Schreibens, und ihre Kalender waren von erstaunlicher Präzision. Während sie sich der Metallgewinnung fast nur zur Herstellung von Kultgegenständen oder von Gold- und Silberschmuck bedienten, schufen sie andererseits große politische Organisationen, und ihre Gesellschaften wurden von mächtigen religiösen Gliederungen beherrscht. In der Kunst standen die Schöpfungen der Präkolumbier an Vielfalt der Auffassungen und künstlerischer Vollendung wie an ästhetischem Empfinden und handwerklicher Perfektion vollendetsten Meisterwerken der Alten Welt nicht nach...

Die wirtschaftliche Grundlage für das Aufblühen dieser Kulturen bildete der Anbau von Mais, Batate (Süßkartoffel) und schwarzen Bohnen als wichtigsten Nahrungsmitteln. Ganz beträchtlich waren die Kenntnisse medizinischer Drogen, auch der Fasern, wie z.B. Baumwolle, und der Gewürze. Das Fehlen von Verbindungen zu anderen Erdteilen erhellt daraus, daß in Amerika vor der Eroberung kein Getreide oder Reis angebaut wurde und daß es andererseits außerhalb Amerikas vor dem 16. Jahrhundert Produkte wie Kakao, Tomaten, Tabak, Chinin oder Cola nicht gab.

In diesem Buch, das den Werken der Kunst, der Architektur und der Kultur der präkolumbischen Welt gewidmet ist, werden wir uns besonders mit zwei Ländern des alten Amerika beschäftigen: mit Mexiko und Peru. In diesen Ländern schufen die faszinierendsten indianischen Gesellschaften erstaunliche Werke, die die Konquistadoren bei der Eroberung der Länder mit maßloser Brutalität und blutiger Gier vernichteten.

Die frühe Kultur der Olmeken

Auf mexikanischem Boden begründeten die Olmeken um 1200 vor unserer Zeitrechnung die erste der großen amerikanischen Kulturen nördlich des

Olmekisches Gesicht aus Jade: Platte Nase, fleischige Lippen, gelegentlich Schlitzaugen, breites Gesicht – so sieht der Menschenschlag aus, den die Kunstwerke der frühen Kultur Mittelamerikas darstellen. Ihre Blütezeit lag zwischen dem 12. und 2. vorchristlichen Jahrhundert (Mexiko, Museum).

Kolossalkopf der Olmekenkultur aus La Venta (Tabasco): Dieser riesenhafte Basaltmonolith von 2,70 Metern Höhe wiegt nicht weniger als 20 Tonnen. Die Steinbrüche, aus denen er stammt, liegen 20 Kilometer vom Fundort dieser Skulptur entfernt (Villahermosa, Freilichtmuseum).

Olmekischer Opferaltar aus La Venta: In einer in einen Monolithen geschnittenen Nische sitzt eine menschliche Figur mit einer Art Krone. Sie scheint aus dem stilisierten Rachen des Jaguars hervorgegangen zu sein. Der Jaguar wurde von den Olmeken verehrt (Villahermosa, Museum).

Äquators. Dieses Volk lebte in den feuchten und sumpfigen Niederungen der Golfküste im Innern der grünen Hölle des Urwalds, im Gebiet der heutigen Staaten Veracruz und Tabasco. In diesen tropischen, unablässig überfluteten Gegenden haben die Olmeken oder „Leute aus dem Kautschukland", wie die Entdecker sie nannten, Zeremonialzentren errichtet, deren Überreste in Cerro de las Mesas, Tres Zapotes und La Venta mit wissenschaftlichen Methoden ausgegraben worden sind. La Venta ist die Geburtsstätte des ältesten mittelamerikanischen Architekturstils. Der Kultbezirk wird beherrscht von einer 65 Meter breiten Pyramide aus gestampfter Erde mit einer Plattform in 35 Metern Höhe, auf der sich wahrscheinlich ein strohgedecktes Heiligtum aus Holz erhob. Am Fuße dieser gewaltigen Baumasse von etwa 100 000 Tonnen säumen zwei 85 Meter lange geböschte Mauern einen Ballspielplatz, an dessen Ende Opferaltäre, Grabstätten und monolithische Kolossalköpfe von über 20 Tonnen Gewicht standen. Die Steinblöcke waren aus den 120 Kilometer entfernten Steinbrüchen herangeschafft worden.

Diese älteste mexikanische Kultur erweist sich im ersten Anlauf als eine hochentwickelte Kultur. Sie scheint mit allem versehen aus der Vorgeschichte emporzutauchen wie Pallas Athene mit allen Waffen aus dem Haupte des Zeus. Sie vereinigte bereits die beiden fundamentalen Bauwerke miteinander, die für alle späteren Kulturen in diesem Teil der Erde charakteristisch sind: die Pyramide, eine hohe Plattform als Standort des Tempels, und den Ballspielplatz. Hier fanden die Wettkämpfe eines heiligen „Sports" statt, der mit dem Lauf der Sonne in Verbindung stand, wobei die Spieler einen Ball aus Vollkautschuk benutzten, der über 1,5 Kilogramm wog.

In gleicher Weise waren die Olmeken Vorläufer in allen anderen Bereichen, in denen die präkolumbischen Kulturen Mexikos später glänzten. Im besonderen waren sie die Erfinder der Schrift. Schon seit dem 7. vorchristlichen Jahrhundert verstanden sie es, mit besonderen Hieroglyphen Zahlzeichen zu schreiben und Daten nach einem Kalender eigener Erfindung festzulegen. Dieser Kalender beruhte auf einer komplizierten Berechnung, die später die Maya übernahmen, und reicht bis auf das Jahr 3000 vor unserer Zeitrechnung zurück, also in eine Vergangenheit, die älter ist als die ältesten bisher entdeckten Spuren der Olmeken.

Olmekische Keramik-Statuette: Eine Figur mit kindlichen Zügen in einer klassischen Stellung der Plastik dieser Zeit. Sie geht auf das erste Jahrtausend v.Chr. zurück (Mexiko, Museum).

Großer Steinkäfig aus Basaltpfeilern: Diese sonderbare, in La Venta gefundene Konstruktion war vermutlich zum Einfangen eines lebenden Jaguars bestimmt, den die Olmeken als Gottheit verehrten (Villahermosa Museum).

Ein Mensch in den Windungen eines Schlangendrachens. Er trägt vielleicht eine Ballspielmütze und hält eine Börse in der Hand. Dieses Reptil ist die erste bekannte Darstellung des berühmten Quetzalcóatl, der Federschlange des alten Mexiko. Man beachte die interessante Stellung der Komposition innerhalb der unbearbeiteten Form des Basaltblocks, die für die Virtuosität der olmekischen Künstler spricht (Villahermosa, Museum).

Olmekischer Basalt-Kolossalkopf. Diese Köpfe waren zu keiner Zeit dazu bestimmt, etwa auf einem menschlichen Körper zu stehen. Sie waren wie Stelen am Fuße der Erdpyramide von La Venta aufgestellt (Villahermosa, Museum).

Kapitel I
Klassische Metropolen der Maya

Die Kultur der Maya – der Griechen der Neuen Welt – befand sich bereits 1547 in vollem Niedergang, als die Soldaten von Cortez sich Yucatáns bemächtigten. Diese Landzunge, die sich nach Norden bis in den Golf von Mexico erstreckt, den sie vom Karibischen Meer trennt, bildet eine flache, mit undurchdringlichem Buschwald bedeckte Halbinsel, durch den die Spanier sich nur schwer einen Weg zu bahnen vermochten. Mit noch größeren Schwierigkeiten hatten jedoch die Konquistadoren zu kämpfen, als sie in die südlichen Provinzen des alten Maya-Landes vordrangen. Diese mit dichtem Urwald bewachsenen Gebiete umfassen die Hochländer von Chiapas, Guatemala und Quintana Roo bis zum heutigen Honduras.

Versunken in einem Ozean von Grün auf den Hügeln, die allmählich gegen die Vulkane an der Pazifikküste ansteigen, schliefen dort die alten Stätten der klassischen Blütezeit. Seit 500 Jahren waren sie bereits verlassen, als die ersten Europäer das Land eroberten. Die Kolonisierung war also nicht die Ursache des Sterbens dieser großartigen Kultur, die durch ihre wissenschaftlichen Leistungen und ihre Kunst alle anderen mittelamerikanischen Kulturen der präkolumbischen Zeit überragte.

Rein schematisch entsprachen die beiden Maya-Zonen – die eine im Süden mit den Kultzentren Tikal, Uaxactun, Copan, Yaxchilan und Palenque, die andere im Norden mit Uxmal, Kabah, Labná, Sayil und Chichén-Itzá – zwei verschiedenen Blüteperioden in den von den Maya bewohnten Gebieten. Die älteste begann im südlichen Waldgebiet von Petén um das Jahr 1000 vor unserer Zeitrechnung und erlebte ihre höchste Blüte zwischen 200 vor und 700 nach Christi Geburt. Im Gebiet von Yucatán dagegen begann die Blütezeit erst Anfang des 7. Jahrhunderts unserer Zeitrechnung und dauerte bis ins 10. Jahrhundert. Eine außerordentliche Renaissance erlebte sie seit 987 mit dem Eindringen der Tolteken. Diese errichteten in Chichén-Itzá einen Gebäudekomplex als großartige Kultmetropole. Die Toltekenherrschaft dauerte bis 1185, dann begann der Niedergang der Maya.

Eine späte Auferstehung

Wenn Humboldt die präkolumbische Welt der Vergessenheit entriß, verdanken wir die Wiedererweckung der Maya-Kultur, die sich als die bedeutendste des ganzen indianischen Amerika erwies, den Reiseberichten des Forschers Stephens und seines Zeichners Catherwood, die um 1840 die

Die große Pyramide von Tikal (Guatemala), als Tempel I bezeichnet, schließt nach Osten den von Maya-Stelen begrenzten Großen Platz ab. Die Gesamthöhe des Bauwerks beträgt 47 Meter.

Blick von der Höhe des Tempels I auf den Tempel II mit seinen vier Stufen, die das eigentliche Heiligtum tragen und zu dem steile Treppen führen.

wichtigsten Kulturstätten entdeckten. Aber der Dschungel hatte seinen dichten Vegetationsteppich über die antiken Kultstätten gebreitet: Von Lianen überwucherte Tempel, durch Zedern- und Mahagoniwurzeln gesprengte Pyramiden, von Feuchtigkeit zerstörter Stuck, umgestürzte Stelen, verfallene Treppen ... Dieses Schauspiel bot sich allenthalben in dem tropischen Waldgebiet, das noch die letzten durch Krankheiten und Unterernährung dezimierten Stammesreste des einst so ruhmreichen und stolzen Volkes der Maya beherbergte.

Seit einem Jahrhundert geben sich die Archäologen ein Stelldichein bei den majestätischen Bauten und in den alten, lange der Vergessenheit anheimgefallenen Metropolen, um sie im alten Glanz wiedererstehen zu lassen. Eine langsame und geduldige Restaurierung ermöglicht es in vielen Fällen, die Gesamtanlage der einstigen heiligen Stätten der Maya fast unversehrt wiederzuentdecken. Die Wiederherstellung ist umso leichter, als kein Mensch sich mehr in diesem unwirtlichen Wald niederließ, nachdem die Bewohner dieser großen Kultzentren verschwunden waren. Die Bauwerke stützen in sich zusammen, den modernen Wissenschaftlern aber ist die Aufgabe gestellt, die Einzelteile dieses Puzzles wieder zusammenzufügen.

Aber wenn es auch gelingt, den von den Maya verlassenen Palästen und Tempeln, Pyramiden und Ballspielplätzen ihren ursprünglichen Glanz zurückzugeben, bleibt vieles über dieses Volk noch im dunkeln. Oft ist es mühsam, die Chronologie nach Kriterien zu bestimmen, über die selbst die Gelehrten sich nicht einig sind: Die Schrift ist großenteils noch nicht entziffert und liefert nur die Zahlen und Daten, und schließlich geben Niedergang und Aufgabe dieser Städte noch Rätsel auf.

Ein großes Religionszentrum: Tikal

Eine der eindrucksvollsten Stätten der Maya-Kultur in Petén ist unzweifelhaft Tikal (Guatemala), ein gigantischer Komplex von Bauwerken, den der Schweizer Gustav Bernoulli 1877 entdeckte. Dieser Forscher, der als erster

Gegenüber dem großen Platz von Tikal vereint der Gebäudekomplex von Gruppe A eine Reihe von Heiligtümern, zu denen Treppen hinaufführen. Sie sind rechtwinklig um einen Innenhof angeordnet.

Maya-Stele von Tikal. Sie stellt einen Priester von hohem Rang dar, der mit den Insignien seiner Macht bekleidet ist.

Weißer in diese Anhäufung von Herrlichkeiten unter dem waldgrünen Leichentuch eindrang, fand dort das berühmte Flachrelief in Holz, das heute ein Glanzstück des Museums für Völkerkunde in Basel ist. In der Folgezeit nahmen vorwiegend die amerikanischen Archäologen der Universität von Pennsylvania sich der Forschung und Restaurierung an. Ihnen ist es zu danken, daß Tikal sich heute wie in seinen Glanzzeiten darstellt.

Auf einem Gebiet von der Größe einer modernen Stadt mit 40 000 Einwohnern bietet Tikal dem Besucher das Bild eines weiträumigen Zeremonialbezirks, dessen Zentrum einschließlich der nördlichen Akropolis die imposantesten Baudenkmäler vereint. Die hohen Pyramiden, die das Laub der Bäume überragen und von den Archäologen prosaisch Tempel I, II, III oder V genannt werden, richten ihre steilen, zum Tempel hinaufführenden Treppen in die Höhe. Der Tempel ist gekrönt von einer *cresteria*, einem dekorativen Aufbau in Form einer Steinbekrönung, deren höchster Punkt etwa 50 Meter über dem Erdboden liegt.

Der Saal auf halbem Wege zwischen Erde und Himmel, zu dem man auf Stufen in schwindelnder Höhe gelangt, deren einziger Treppenlauf mit einer Steigung von mehr als 60 Grad hinaufführt, ist sehr beschränkt. Sein Inneres gleicht dem Innenraum jener Behausungen, in denen heute noch die hunderttausend Maya in Yucatán leben. In der Tat ist das Steingewölbe des Saales eine Nachbildung der Decke der Maya-Hütte. Es handelt sich einwandfrei um eine Nachbildung in Stein von traditionellen Formen der indianischen Wohnung. Eine solche „Petrifikation" stellt ein charakteristisches Element der präkolumbischen Architektur dar, das sich in ihrer langen Geschichte immer wieder findet.

Dieses in Mauerwerk ausgeführte Maya-Gewölbe hat oft allen Einwirkungen des Urwaldes widerstanden, denen die Bauwerke über ein Jahrtausend ausgesetzt waren. Für die Konstruktion dieser Deckenart haben die Maya sich bald der Kragsteintechnik bedient (wie in einigen Gewölben in Copan), bald verwendeten sie feinen Kalkstein in gefälligem Verbund als Schalung, die mit einer Betonmasse aus Mörtel hintergossen wurde.

In Tikal finden sich auch Stadtviertel, in denen die Plattformen, die kleinen Pyramiden und die Paläste auf ihren Unterbauten, an denen breite Trep-

Gegenüber:

Die Pyramide der Inschriften zu Palenque (Chiapas) aus dem Jahre 692 unserer Zeitrechnung. Im Innern dieses Gebäudes wurde die Totengruft eines Priesterkönigs entdeckt.

Ganz unten:

Panorama von Palenque. Links der Sonnentempel mit der oben aufgesetzten durchbrochenen cresteria, *die aus dem Jahre 642 stammt; rechts der Große Palast von 672 mit dem Turmobservatorium von 783.*

Eine der Säulenhallen-Galerien mit dem berühmten Maya-Gewölbe, die sich um den Großen Palast von Palenque herumziehen.

Unten, links:
Totenmaske aus Jade-Mosaik mit Perlmutter-Augen und Pupillen aus Obsidian. Sie bedeckte das Gesicht des Priesterkönigs, der in der Gruft der Pyramide der Inschriften in Palenque aufgefunden wurde (Mexiko, Museum).

Unten, rechts:
Abstieg zur Gruft von Palenque auf überwölbten Treppen, die durch die Baumasse der Pyramide der Inschriften hindurch angelegt wurde. Dieser Weg war nach der Bestattungszeremonie von den Erbauern vollständig mit Erde und Steinen zugeschüttet worden.

pen emporführen, ganz nach Art einer modernen Stadtplanung angeordnet sind. Die Gesamtanlage ist streng rechtwinklig gegliedert und in Nord-Süd-richtung orientiert, und Plätze, Innenhöfe und Prunkstraßen bilden dort mit den Bauwerken ein harmonisches Ganzes. Die Architekten haben nicht gezögert, die Landschaft völlig umzugestalten, indem sie Zehntausende Tonnen Baumaterial bewegten - eine Titanenarbeit! Wir wissen mit Sicherheit, daß sie weder über Trag- noch Zugtiere verfügten. Alle Lasten mußten also auf Menschenrücken bewegt werden.

Steinerne Stelen schmücken die Plätze. Sie tragen Daten, die an die Errichtung eines Bauwerks oder an ein herausragendes astronomisches Ereignis erinnern. In stilisierten Flachreliefs sind reichgeschmückte Würdenträger eingemeißelt, an den Seiten Hieroglypheninschriften. Diese Würdenträger mit ihrem hohen Federkopfputz und dem Jadeschmuck stellen einen ganz eigenartigen Menschentyp dar. Der Künstler hat im allgemeinen das Maya-Profil betont, das durch eine herausragende kühne Adlernase charakterisiert ist, die aus dem Gesicht wie eine Art Gipfel vorspringt. Ihre Amtstracht ist von unerhörtem Reichtum, die Verzierungen sind in allen Details mit peinlichster Genauigkeit ausgearbeitet und bilden schließlich ein Durcheinander von Schmuckmotiven, unter denen bisweilen die menschliche Fi-

gur kaum noch zu erkennen ist. Diese Kunst ist üppig wie der Dschungel ringsum, und ihre konventionellen ästhetischen Formen lassen - wenn auch unter anderen Gesichtspunkten - bisweilen an die „deformierten" Darstellungen der Flachreliefkunst im Ägypten der Pharaonen denken.

Die meisten Pyramiden und Paläste von Tikal sind zwischen dem 5. und 8. Jahrhundert unserer Zeitrechnung erbaut worden. Dennoch geht die Anlage auf eine fernere Vergangenheit zurück, was die um 290 n.Chr. errichtete „Rote Säule" von Tikal bezeugt.

Gegenüber, oben:
Eine Reihe von Maya-Hieroglyphen aus Stuck in Palenque. Allgemein ist hier das menschliche Profil mit symbolischen Zeichen verbunden (Palenque, Museum).

Gegenüber, unten:
Die Gruft von Palenque, wie sie 1952 von Alberto Ruz aufgefunden wurde. Eine monolithische Steinplatte von 8 Tonnen bedeckte das Grab des Priesterkönigs. Der danebenstehende Arbeiter macht die Ausmaße dieses gewaltigen Sarkophags deutlich.

Eine bedeutsame Entdeckung in Palenque

Unter den großen Zeremonialzentren der Maya in der klassischen Epoche nehmen die Ruinen von Palenque eine Sonderstellung ein. In der Tat wurde dieser im mexikanischen Staat Chiapas auf den Ausläufern der mit undurchdringlichem Urwald bedeckten Berge gelegene Komplex Schauplatz der bedeutendsten Entdeckungen der Maya-Archäologie. Im Jahre 1952 fand der mexikanische Archäologe Alberto Ruz Lhuillier nach vier Ausgrabungsversuchen die berühmte Totengruft des Tempels der Inschriften. Es handelt sich um eine verborgene Grabkammer im Innern der Pyramide.

Nachdem Alberto Ruz in geduldiger Arbeit die Massen weggeräumt hat-

te, die eine gewölbte Treppe blockierten, welche die Erbauer nach der Begräbniszeremonie um das Jahr 692 unserer Zeitrechnung zugeschüttet hatten, gelangte er 22 Meter unterhalb der oberen Plattform der Pyramide an die Schwelle einer Kammer, die durch ein schweres Steintor in Dreiecksform verschlossen war. Wie groß war das Erstaunen des Gelehrten – nachdem es ihm gelungen war, dieses Tor in seinen Angeln zu drehen –, eine großartige gewölbte Gruft zu betreten, in die seit 13 Jahrhunderten kein Mensch mehr seinen Fuß gesetzt hatte! Dieser Raum war fast ganz von einer skulptierten Steinplatte von 2 mal 3 Metern ausgefüllt, die nicht weniger als 8 Tonnen wog. Ein Steinsarkophag unter dieser Platte enthielt die Reliquien eines Maya-Priesterkönigs. Er war umgeben von zahlreichen Jadeschmuckstükken und trug eine Mosaikmaske aus demselben Material. In den Augen der präkolumbischen Indianer war Jade kostbarer als Gold.

Das Aufsehen, das dieser Fund erregte, war dem der Entdeckung des Grabes von Tutanchamun 30 Jahre zuvor vergleichbar. Diese Entdeckung brachte in der Tat alle Hypothesen über die mexikanischen Pyramiden ins Wanken. Handelte es sich doch um Grabmäler wie in Ägypten? Tatsache ist, daß die Einschließung einer Grabkammer im Innern einer Pyramide bei den Maya nicht selten ist. Die eigentliche Bestimmung der Pyramiden war es aber, den erhöhten Tempel zu tragen, in dem die Kult- und Opferhandlungen stattfanden. In Ägypten dagegen war der Gipfel der Pyramide jedem

Gegenüber:
Wie in Palenque bediente sich die Porträtkunst des klassischen Mayastils von Comalcalco ebenfalls des Stucks. Die Skulptur hier ist Ausdruck einer bewundernswerten Sensibilität und großer Ausgeglichenheit. Die fein modellierten Lippen, die ein kleiner Schnurrbart unterstreicht, die leicht geschlitzten Augen, der Nasenrücken, der sich bis in die Stirn fortsetzt, das Diadem – alles trägt dazu bei, diese Statue zu einem Höhepunkt der präkolumbischen Bildhauerkunst zu machen (Mexiko, Museum).

Der zentrale Innenhof des Großen Palastes von Palenque mit dem quadratischen Turm, der wahrscheinlich astronomischen Beobachtungen diente. Unten eine breite Treppe, eingerahmt von großen Stelen mit menschlichen Bildnissen.

menschlichen Zutritt versagt, während die Außenseiten des Bauwerks mit einer glatten Verblendung versehen waren. Der Anlage nach glich die durch den Tempel beherrschte Maya-Pyramide eher den Zikkurats (Stufentürmen) Mesopotamiens als den gewaltigen Grabanlagen von Gizeh und Dahschur – trotz einer möglichen Grabstätte im Innern des Bauwerks.

Abgesehen von dieser berühmten Pyramide zieht Palenque die Aufmerksamkeit des Besuchers durch einen riesigen Palast aus dem Jahre 672 im Stadtzentrum auf sich. Die Anlage bildet ein Viereck, und die Gebäude erheben sich auf einer steil abfallenden Plattform. Sie enthalten lange gewölbte Galerien und Wohnräume für die Priester, die ihr Amt in der Stadt ausübten. Dieser Komplex wird überragt von einem 783 erbauten, dreistöckigen quadratischen Turm vielleicht für astronomische Beobachtungen.

Das gesamte Religionszentrum von Palenque fiel der Neugier der ersten Entdecker zum Opfer, die im 19. Jahrhundert in die vom Wald überwucherten Bauwerke eindrangen. Um die Monumente von ihrem tropischen Bewuchs zu befreien, der sie daran hinderte, die unter dem Dschungel verborgenen Schätze zu betrachten, legten diese Forscher einfach Feuer an die Bäume. Diese Akte von Vandalismus zerstörten große Kunstwerke, denn Mauern und Decken waren mit wundervollem Stuckdekor bedeckt, dessen ehemals vielfarbige Flachreliefs im Flammenschein leuchteten, während die gemauerten Gewölbe, vom Feuer ausgeglüht, zusammenstürzten.

Trotzdem wurden in Palenque die schönsten Maya-Skulpturen gefunden. Diese in Stuck ausgeführten Werke zeugen von einer bei den Künstlern dieser Stadt erstaunlich originalen und sensiblen Tradition. So zählen die von Alberto Ruz in der Gruft des Tempels der Inschriften aufgefundenen Köpfe zu den Meisterwerken der präkolumbischen Welt. Diese Porträts sind ebenso wie die von Comalcalco von überraschender Natürlichkeit. Darin ähneln sie gewissen ägyptischen Werken aus der Tell-el-Amarna-Zeit.

Kapitel II
Die prunkvollen Paläste von Uxmal

Noch bevor die klassischen Kunststätten im Süden der Maya-Region von ihren Bewohnern verlassen waren – Petén und das Flußbecken des Usumacinta –, trat Yucatán ihre Nachfolge an. Der Architekturstil, der hier, zumal im 8. und 9. Jahrhundert unserer Zeitrechnung, in Blüte stand, ist wesentlich verschieden von dem der südlichen Region. Er wird als Puuc-Stil bezeichnet. Charakteristisch sind die klaren, langgestreckten horizontalen Linien, die die Anpassung an die flache Landschaft unterstreichen, die Friese aus sich rhythmisch wiederholenden, strengen geometrischen Mustern und schließlich die auffallend „moderne" Auffassung.

Die Vegetation im nördlichen Yucatán weist bei weitem nicht die Üppigkeit und die zerstörerische Wirkung auf wie die Urwälder in Petén. Hier handelt es sich nicht um hohe Laubbäume mit feuchtem Unterholz, sondern um eine Steppenlandschaft mit Baumgruppen, die ihr Laub früh verlieren. Diese Bäume werden nur wenig über 10 Meter hoch. Außerdem sind die Regenfälle weniger häufig und vor allem weniger reichlich. So erreichen denn die Schäden durch Einwirkung der Naturkräfte hier nicht den Umfang der Zerstörungen, die der Urwald in Tikal oder Palenque verursachte.

Die archäologischen Stätten des Puuc-Stils, zumal die in Uxmal, sind also in einem Erhaltungszustand, der eine leichtere Rekonstruktion erlaubt. In der Tat besteht der Hauptschaden in den meisten Fällen darin, daß die hölzernen Türstürze über den breiten Toren der Paläste zusammengebrochen sind. Mit dem Zusammenbruch dieser morschen Balken war in der Regel der Einsturz einer Partie des Steinmosaikfrieses verbunden. Da jedoch die Schmuckmotive im Puuc-Stil sich regelmäßig wie in einer Tapete wiederholen, ermöglichte die Erhaltung nur eines einzigen Teils des Dekors die Wiederherstellung des gesamten Frieses.

Die Konservierungsarbeiten, die Mexiko am Tag nach der Revolution beherzt in Angriff nahm und die heute noch fortgesetzt werden, haben die Rettung dieser Architekturschätze ermöglicht, unter denen die Bauten von Uxmal in unvergleichlichem Glanz hervorragen. Dank diesen Restaurierungen erblicken wir heute einen Komplex von Bauwerken, deren Schönheit und Weitläufigkeit umso bewundernswürdiger sind, als die Maya-Erbauer, denen wir diese Meisterwerke verdanken, das Steinzeitalter noch nicht hinter sich gelassen hatten, obwohl sie schon ein Schriftsystem und eine hochentwickelte Mathematik beherrschten. Die Werkzeuge der Maya aber waren immer noch aus Stein.

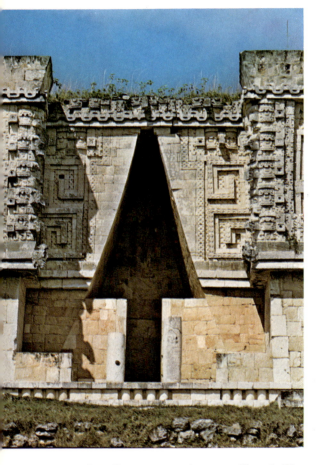

Der Gouverneurspalast von Uxmal (Yucatán): Die Gewölbe in Pfeilspitzenform, die die Verbindung der beiden Seiten des Mittelbaus mit den Flügeln herstellen, treten besonders durch den Rücksprung der Fassade hervor.

Erdarbeiten

Angesichts eines Bauwerks wie des Gouverneurspalastes zu Uxmal (8. – 9. Jahrhundert) ist man überrascht über die überwältigenden Proportionen. Er mißt in der Länge etwa 100 Meter, in der Breite 12 Meter und in der Höhe fast 9 Meter. Zum Palast mit seinen 11 Toren in der Fassade und zwei seitlichen Eingängen, die zu etwa 20 Gewölbesälen Zutritt gewähren, führt eine sehr breite Prunktreppe. Sie endet auf einer 13 Meter hohen Plattform, die sich ihrerseits auf einem großen, künstlich angelegten freien Platz erhebt. Diese von Menschenhand geschaffenen „Akropolen" ermöglichten die Errichtung von Gebäuden auf einer Höhe, auf der sie das Laub der Bäume ihrer Umgebung überragten und vor zu großer Belästigung durch Feuchtigkeit während der Regenperioden bewahrt blieben. Auf diese Weise gelangte der leiseste Luftzug zu den Wohnungen.

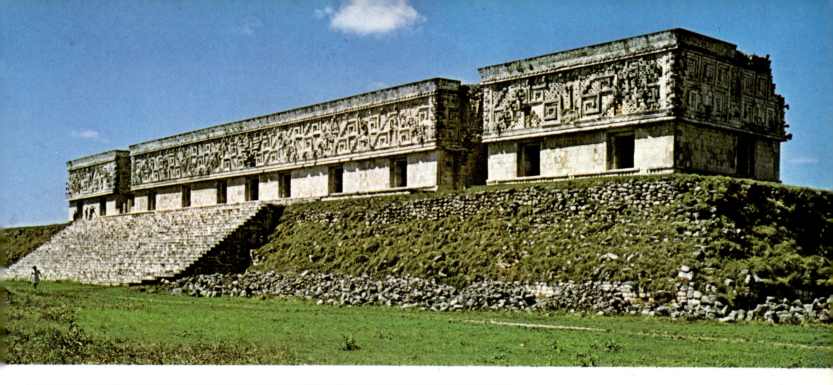

Auf einer Plattform, zu der eine breite Prunktreppe hinaufführt, erhebt der zwischen dem 8. und 9. Jahrhundert unserer Zeitrechnung erbaute Gouverneurspalast von Uxmal seine stolze Silhouette. Die Wirkung des Gebäudes wird noch erhöht durch das horizontale Bandgesims des Relief-Mosaikfrieses. Die drei Baukörper mit elf Fensteröffnungen in der Fassade bieten dem Beschauer ein überraschend modernes Bild.

Die große Zentralhalle im Gouverneurspalast: Ein sehr hohes typisches Maya-Gewölbe überdeckt diesen 20 Meter langen und mindestens 4 Meter breiten Raum, den drei viereckige Türen erhellen. Ein einziger Eingang zur Linken führt in den hinteren Raum, der sehr dunkel ist.

Gegenüber:
Die Westtreppe der Pyramide des Wahrsagers in Uxmal: Eingerahmt von Masken des Regengottes Chac, führt sie zum oberen Tempel hinauf, der selbst einer Maske gleicht, deren Mund das Tempeltor bildet.

Ganz unten:
Das Haus der Schildkröten in Uxmal: ein Stil, der an den Klassizismus heranreicht.

Statuette von der Insel Jaina. Sie stellt einen vornehmen Maya dar, der einen Brustschmuck und eine kunstvolle Kopfbedeckung

In Uxmal betragen die Abmessungen der Terrasse, auf der der Gouverneurspalast steht, 180 mal 154 Meter, die Höhe ist 12 Meter über dem Gelände. Man fragt sich, wie derartige Erdaufschüttungen bewerkstelligt werden konnten, wo es weder Kräne noch Karren gab und wo die Lasten auf den Rücken der Menschen transportiert werden mußten.

Man muß sich die Baustelle wie ein riesiges Gewimmel von kommenden und gehenden Arbeitern vorstellen, die auf dem Kopf Körbe oder auf den Schultern Kiepen trugen. Jeder vermochte bei jedem Gang etwa 50 Kilogramm zu tragen. Wenn er seine Last nicht in einem Umkreis bis zu 2 Kilometern holen konnte, benötigte er eine Stunde für jeden Weg. An einem ganzen Arbeitstag belief sich also seine Leistung auf etwa 500 Kilogramm. Wahrscheinlich waren für diese Handlangerdienste mindestens 2000 Arbeiter eingesetzt, die täglich insgesamt 1000 Tonnen bewegten. Bei 200 Arbeitstagen im Jahr waren also 3 Jahre allein zum Bau der Terrasse des Gouverneurspalastes erforderlich. Vorbedingung für eine solche Leistung war allerdings eine hochentwickelte Organisation. Wir können daraus schließen, daß die Maya eine straffe soziale Struktur besaßen, wie sie etwa die bäuerlichen Theokratien kannten.

Vorfertigung und Serienherstellung

Dieser Riesenpalast mit seinem zentralen Baukörper und den beiden Flügeln ist durch eingefügte typische Maya-Gewölbe gegliedert, deren leicht konkave Bogen Pfeilspitzenform aufweisen. Ein großartiger Fries mit rhythmisch wiederkehrenden geometrischen Figuren krönt das Gebäude. Der Dekor besteht aus Mäanderbändern, die ein Gitterwerkrelief bilden, und

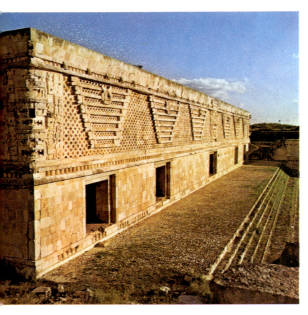

aus seltsamen, in langen Wellenlinien angeordneten Masken. An den Ecken des Frieses wiederholen sich diese Masken in extrem stilisierter Form und bilden, übereinandergesetzt, eine Art Eckverbindung.

Die Masken, die mit ihrem gequälten, immer wiederkehrenden und verwandelten Gesichtsausdruck schließlich die Fassaden der Maya-Bauten bedecken, sind das Ergebnis einer Stilisierung, die seit den Anfängen der Maya-Kultur in Petén, besonders in Uaxactún, im 2. Jahrhundert vor unserer Zeitrechnung sichtbar wird. Bald ist es der Regengott Chac, bald der Himmelsgott Itzamná. Mit ihren schematisierten Zügen scheinen sie den Jaguarbildnissen der Olmeken oder sogar den fernen chinesischen Masken von *t'ao-t'ie* aus dem 2. vorchristlichen Jahrtausend verwandt zu sein.

Die Ornamentik der Reliefs, die die Fassaden der Puuc-Gebäude bedecken, wird von zwei Gesetzmäßigkeiten beherrscht, von Wiederholung und Stilisierung. Durch beide zusammen wird die Kunst von Yucatán zu einem der spektakulärsten Beispiele für Massenherstellung. So enthält am Gouverneurspalast zu Uxmal der um das ganze Bauwerk laufende Fries eine Oberfläche von 700 Quadratmetern. Die Anzahl der Chac-Masken im Fries beläuft sich auf etwa 150. Das bedeutet 300 Augen, 300 Hörner, 300 Eckzäh-

Zwischen zwei niedrigen Bauwerken führt die große Treppe zum nördlichen Palast des Vierecks der Nonnen in Uxmal. Sein reichdekorierter Fries, auf dem Motive in Form von Maya-Hütten zu unterscheiden sind, war gekrönt von einer Reihe von Aufbauten, die aus übereinandergesetzten Chac-Masken gebildet waren. Wie beim Gouverneurspalast hat die Fassade 11 Türöffnungen.

Ganz oben:
Der östliche Palast des Vierecks der Nonnen in Uxmal aus dem Jahre 909 unserer Zeitrechnung.

ne, 300 Ohren, alle aus zwei gleichen Blöcken mit einem engen Zwischenraum gearbeitet, insgesamt also 600 gleiche Elemente. Außerdem sind diese Masken, deren jede aus 18 Elementen besteht, in ein Mosaik eingefügt, das eine Art Gitterwerk aus Stein bildet. Dieser Hintergrund enthält allein mehr als 10 000 Einzelteile.

Man darf nicht übersehen, daß alle diese Einzelteile mit äußerster Präzision aneinanderpassen müssen. Denn sie bilden nicht allein eine Ornamentik, sondern eine Verblendung, und was wichtiger ist, die Verkleidung für Beton. Es wäre tatsächlich auch unmöglich, diesen Fries zusammenzusetzen, wenn die Toleranz die Größenordnung von 1 Zentimeter je Element überschritte. Die geringste Ungenauigkeit, wenn sie sich an Tausenden von Elementen wiederholt hätte, würde eine Katastrophe für die Einteilung wie für die Proportionen des Schmuckfrieses bedeutet haben.

Die Arbeitsstelle der Steinmetzen und Bildhauer muß also wie ein riesiges Unternehmen der Vorfertigung angelegt gewesen sein. Die großen Stückzahlen gleicher Elemente in diesen großflächigen Mosaiken lassen tatsächlich bei den Maya das Vorhandensein einer Arbeitsorganisation, vergleichbar unserer Fließbandfabrikation, vermuten. Einige Arbeitergruppen hatten Tausende gleichgroßer Steinblöcke zu behauen, die in der Regel auf fünf Außenflächen bearbeitet wurden (die sechste, die mit dem Mörtel in Verbindung stand, wurde roh belassen). Die behauenen Steine gelangten nun zu den Bildhauergruppen, die die Arbeit unter sich verteilten: Noch unerfahrene Handwerker besorgten nur den letzten Schliff der noch undekorierten Steine, während die begabteren die Reliefs einmeißelten.

Fassade des Westgebäudes des Nonnenvierecks in Uxmal, von einem tiefergelegenen Raum des nördlichen Palastes aus gesehen.

Ganz unten:
Detail der Masken des Regengottes Chac; ihn kennzeichnet eine lange, rüsselförmige Nase.

Detail vom Fries des westlichen Palastes: Man erkennt hier die Federschlange Kukulkán, in deren Maul ein menschliches Gesicht zu sehen ist. Dieses Dekor ist wahrscheinlich eine Hinzufügung der toltekischen Epoche.

Nur ein Verfahren dieser Art konnte zu einem Ergebnis führen, wie wir es vor Augen haben. Ist es nicht erstaunlich, bei einem Volke der Jungsteinzeit Einrichtungen zu entdecken, die an moderne Industrietechniken, wie Vorfertigung, Serienherstellung und Arbeitsteilung, erinnern? Aus Beobachtungen dieser Art erfahren wir mehr über die hierarchische Struktur der Maya-Gesellschaft als aus vielen soziologischen Abhandlungen.

Vom gleichen Typ wie der Gouverneurspalast ist das Nonnenviereck am Fuße der Pyramide des Wahrsagers, deren Baumasse in gewisser Weise das Gegengewicht zum Innenhof bildet. Das Nonnenviereck war ursprünglich als Priesterwohnung bestimmt. Die von hohem Sachverstand zeugende Ausgewogenheit der Massen – eine charakteristische Eigenschaft des Maya-Städtebaus – zeigt sich hier in Vollendung. Großartige Treppen führen zum Triumphbogen, der sich in der Fassade des südlichen Palastes öffnet. Wenn man auf diesem Wege bis in den großräumigen Innenhof vordringt, erlebt man eine nicht geringe Überraschung: Der geschlossene, durch die vier Paläste begrenzte Hof zeigt verschiedene Höhenstufungen. Auf den beiden Seiten stehen die Gebäude dank geräumiger Terrassen leicht erhöht, während nach Norden der größte Palast über einem Treppenlauf zwischen zwei niedrigeren Bauwerken steht. Die Ausmaße sind grandios: 80 mal 65 Meter.

Mit seinen offenen Ecken, seiner terrassenförmigen Anordnung, seinen riesigen Treppen und ornamentalen Friesen stellt das Nonnenviereck, das gleichzeitig nüchtern und reich dekoriert ist, vielleicht den Höhepunkt der Maya-Architektur in Yucatán dar. Hier wurde übrigens das letzte Datum des Maya-Kalenders entdeckt: das Jahr 909 unserer Zeitrechnung.

Statuette von der Insel Jaina, die einen hohen Maya-Würdenträger darstellt (Mexiko, Museum).

Oben, rechts:

Versunken im Buschwald von Yucatán ein Palast der Stadt Xlapak. In solchem Zustand wurden im vergangenen Jahrhundert die bedeutendsten Stätten der Maya wiederentdeckt, die heute von den Pflanzenüberwucherungen befreit und mit größter Geduld von den Archäologen restauriert worden sind.

Wie die Römer haben die Maya von Yucatán Monumente in Form von Triumphbögen errichtet. Der Triumphbogen von Labná aus dem 8.–9. Jahrhundert erscheint als schönes Gewölbe, das eine Verbindung zwischen zwei städtischen Anlagen herstellt. Er überragt die seitlichen Zimmer, und der Fries zeigt Darstellungen von Maya-Hütten mit Strohdach.

Detail der Chac-Masken, welche die Fassade des Palastes von Kabáh, in der Nähe von Uxmal, vollständig bedecken. Dieser Palast wird auch Codz-Poop *oder Palast der Masken genannt. Mehr als 250 ähnliche Motive wiederholen sich unablässig. Die Ausführung dieser Arbeit war möglich dank einer echten Serienfertigung – ganz ähnlich unserer modernen Vorfertigung.*

Rechts unten:
Noch heute gibt es zahlreiche Maya-Dörfer mit traditionellen Hütten, die den auf den Friesen der Steinpaläste dargestellten Hütten gleichen. Das Strohdach überdeckt einen länglichen Raum, der an den beiden Längsenden durch halbrunde Mauern abgeschlossen ist. Die Seitenwände bestehen aus Luftziegeln und weisen nur eine einzige Öffnung in der Fassade auf. Diese Hütten gewähren einen vorzüglichen Wärmeschutz. Wie ihre Innenräume sind auch die Räume der in Mauerwerk erbauten Maya-Paläste gestaltet.

Kapitel III
Chichén-Itzá: die toltekische Maya-Renaissance

Im Nordwesten Yucatáns wurde die Stadt Chichén-Itzá Schauplatz einer tiefgreifenden Umwälzung der Maya-Kultur. Sie führte, am Ende der Blütezeit dieser präkolumbischen Hochkultur, mit der Invasion eines aus der Stadt Tula (Tollan) über die Hochebenen Zentralmexikos fliehenden toltekischen Volksstammes zu einer erstaunlichen Renaissance.

Doch schon bevor sich diese Ereignisse abspielten, war Chichén-Itzá eine der großen Religionsmetropolen Yucatáns. Die Monumente in der Altstadt – das Haus der Nonnen, das kleine, *Iglesia* (Kirche) genannte Bethaus und ganz besonders das großartige Observatorium, das wegen der Form seiner Wendeltreppe, auf der man den Turm bis obenhin besteigen kann, *Caracol* (Schnecke) genannt wird – gehören alle dem reinen Maya-Stil an. Obwohl viel üppiger durch seine fast barocke Ornamentik als der Stil von Uxmal, konserviert diese Kunst die charakteristischen Merkmale des Puuc-Stils.

Hier muß betont werden, daß jede Maya-Stadt sich ihre eigene Ausdrucksform und eine originale Ästhetik schuf. Auf diese Weise entwickelten sich örtliche Stilvarianten. Diese Erscheinung läßt vermuten, daß das Reich der Maya keinem einheitlichen, zentralen Regierungssystem unterstand, sondern eine Konförderation freier Städte darstellte, die sich in dieselben Götter, dasselbe Wissensgut und dasselbe kulturelle Erbe teilten. Diese Städte erfreuten sich – wie die klassischen griechischen Städte – einer gewissen Autonomie; die Vielfalt der Formen und der Ornamentik bezeugt es.

Diese steinerne Votivaxt in Form eines Totenkopfes aus der maya-toltekischen Epoche (11.-12. Jahrhundert) markiert das Aufkommen eines neuen Weltbildes bei den Maya nach dem Einfall der Tolteken in Yucatán. Diese hachas *sind Zeremonialgeräte, die wahrscheinlich mit den Menschenopfern in Zusammenhang stehen.*

Das Observatorium

Das Caracol-Observatorium von Chichén-Itzá wurde kurz vor dem Niedergang der klassischen Maya-Kultur erbaut, also vor dem Ende des 9. oder zu Beginn des 10. Jahrhunderts. Dieses Gebäude gehört zu den größten künstlerischen Leistungen der Maya-Architekten. Auf einer rechteckigen, 500 Quadratmeter großen Plattform, die sich ihrerseits auf einer mehrfach veränderten riesigen Plattform von 3500 Quadratmetern erhebt, steht der zylindrische Turm von 12 Metern Durchmesser. Dieser Turm besteht aus zwei konzentrischen Kreiszylindern und einem kreisrunden Kern. Die beiden so entstehenden ringförmigen Räume sind in der klassischen Technik der Maya-Architektur gewölbt, die hier aber zum ersten- und letztenmal auf einen ringförmigen Raum angewandt wird, der keinerlei Ähnlichkeit mit den primitiven Maya-Hütten aufweist. Eine Wendeltreppe in dem zylindrischen Kern führt zum oberen Raum. Er liegt 24 Meter über dem Erdboden und ist mit Mauerschlitzen versehen.

Als Zweckbau war dieses Gebäude aus Ringmauern und kreisförmigen Gewölben errichtet, mit den sich diametral gegenüberstehenden Türen, dem oberen Raum mit Mauerschlitzen, den mehrfachen Terrassen und gegeneinander versetzten Treppen. Sylvanus Morley, der Leiter der Restaurierungsarbeiten in Chichén-Itzá, die 1923 begannen und 20 Jahre dauerten, hat als erster nachgewiesen, daß dieser Caracol-Turm ein Observatorium war. Er stellte fest, daß die im teilweise zerstörten oberen Raum erhaltenen Mauerschlitze die Bestimmung des geographischen Südens und Ostens sowie des Sonnenaufgangspunktes am 21. März, zur Tag- und Nachtgleiche, ermöglichte. Schließlich ergab sich auch die Position des untergehenden Mondes in seinem nördlichsten und südlichsten Punkt am 21. März.

Inschriften und wissenschaftliche Leistungen

Um die grundlegende Bedeutung eines solchen Bauwerks für die Maya-Kultur zu begreifen, müssen wir uns mit dem Problem der Inschriften sowie mit den mathematisch-astronomischen und wissenschaftlichen Erkenntnissen befassen. Dasselbe gilt für die Berechnung des Kalenders, die bei allen präkolumbischen Völkern eine wichtige Rolle spielt, besonders bei den Maya, die eine Art Zeit-Kult hatten.

Die Maya-Schriftzeichen sind auf Steinstelen, Stuckreliefs, Holztoren, Keramikgefäßen, Jadedekors und auch auf den Blättern von „Büchern" aus einer Art Pflanzenfaserpapier erhalten, dessen Vorder- und Rückseite mit einer geglätteten Kalkschicht imprägniert war. Dieses Schriftsystem enthielt etwa 800 – 1000 hieroglyphische Symbole. Bis heute konnten erst 200 Zeichen durch Spezialisten identifiziert werden. Insbesondere angelsächsische Wissenschaftler, die sich auf die Berichte des Franziskaners Diego de Landa aus dem 16. Jahrhundert stützten, haben sich um die Entzifferung dieser Schriftzeichen bemüht. Unter denen, die einen Beitrag zur teilweisen

Deutung mathematischer und astronomischer Texte geleistet haben, sind drei bedeutende Namen zu nennen: Morley, Gann und Thompson. Dank ihrer Arbeiten ist es heute möglich, die Zahlen, die Namen der Gottheiten und der Tage zu lesen. Trotz allem ist es noch immer schwierig, sich eine präzise Vorstellung von den Symbolen zu machen, welche die Maya für ihren alltäglichen Wortschatz gebrauchten. Die entzifferten Hieroglyphen sind unzweifelhaft Wortzeichen, aber niemandem ist es verwehrt, zu vermuten, daß zumindest ein Teil der restlichen Hieroglyphen Silbensymbole sind, mit denen sich alle Möglichkeiten der Sprache ausdrücken lassen. Wären nämlich alle diese Zeichen Wortbilder, würden sie nicht ausreichen, sämtliche Wör-

Dieser aus Mayapán stammende farbige Keramikkopf der maya-toltekischen Epoche stellt mit seinen Hauern den Regengott Tlaloc dar. Geschmückt mit einem Diadem und mit Ohrenpfropfen versehen, ist sein Ausdruck zugleich furchterregend und friedfertig. So symbolisiert er zugleich den wohltuenden Regen und die zerstörende Macht des Wassers (Mexiko, Museum).

ter einer noch so primitiven Sprache zu schreiben. Wir müssen also annehmen, daß ein Teil der Maya-Hieroglyphen, wie in den alten Schriften Ägyptens und Babyloniens, dazu dienten, Laute darzustellen, nicht Begriffe.

Wie schon erwähnt, gehören die Zahlzeichen zu den entzifferten Symbolen. Diese Leistung bedeutet einen großen Erfolg der Archäologen wie der Historiker: Die Entdeckung der Bedeutung dieser Symbole liefert in der Tat den Schlüssel für das Verständnis des Kalenders, der Astronomie und der Chronologie der Maya. Nun ist es insbesondere möglich, die Daten auf den Stelen und Treppen in den alten Kultzentren von Petén und Chiapas zu lesen. Denn die für den Historiker so wertvolle Gewohnheit, Daten an Bauwerken anzubringen, findet sich auch bei den Maya.

Diego de Landa, seit 1572 Bischof von Merida, war der erste, der sich für die Maya-Kultur interessierte, aber trotzdem alle ihre Bücher verbrennen ließ.

Der Teil von Chichén-Itzá, der vor der Ankunft der toltekischen Krieger im Puuc-Stil erbaut worden war: rechts die Fassade des Iglesia *genannten Gebäudes und im Hintergrund die Plattform, die der kreisrunde Turm des Observatoriums krönt. Wegen der Wendeltreppe im Innern wird er* Caracol (Schnecke) *genannt.*

Ganz oben:

An der Ecke des kleinen, Iglesia (Kirche) *genannten Bauwerks von Chichén-Itzá das Bildnis von Chac mit erhobenem Rüssel, der vielleicht vom Rüssel des Tapirs inspiriert ist.*

Seinen Berichten verdanken wir das Verständnis der durch die Maya-Priester erstaunlich hoch entwickelten Mathematik. Das Zahlensystem der Maya beruht auf dem Vigesimalsystem und dem Stellenwert. Das bedeutet, daß die Maya, im Gegensatz zu unserem Dezimal- oder Zehnersystem, ein Zwanzigersystem hatten. Während in unserem Dezimalsystem die einstelligen Zahlen von 1 bis 9, die zweistelligen von 10 bis 99 und die dreistelligen von 100 bis 999 reichen, schrieben die Maya die Zahlen 1 bis 19 mit einer Stelle, die Zahlen von 20 bis 399 mit zwei und die Zahlen von 400 bis 7999 mit drei Stellen usw.

Dieses System der Stellenzahlen setzt die Kenntnis der Null voraus, die bei den Maya durch eine stilisierte Muschel dargestellt wird. Ein Punkt bedeutet 1, ein waagerechter Strich 5. Darauf bauen sich die Zahlenzeichen 1 bis 19 auf. Drei waagerechte Striche übereinander mit zwei darübergesetzten Punkten für die Zahl 17 bilden eine einzige Hieroglyphe. Mittels dieses Systems vermochten die Maya mit Riesenzahlen zu rechnen. Während in unserem Dezimalsystem eine fünfstellige Zahl zwischen 10 000 und 99 999 liegt, ist ihr Wert im Vigesimalsystem zwischen 160 000 und 3 199 999 zu suchen.

Dieses Zahlensystem ist genial, umsomehr, wenn man bedenkt, daß man es mit einer Kultur der Neusteinzeit zu tun hat. Denn die Erfindung der Null, die weder die Griechen noch die Römer kannten, war von grundlegender Bedeutung für die Entwicklung der Wissenschaften.

Astronomie und Kalenderberechnungen

Das Vigesimalsystem der Maya kennt nur eine einzige Ausnahme: Bei der Berechnung der Kalendertage ist nicht 20, sondern 18 die erste zweistellige, 18 x 20 = 360 die erste dreistellige Zahl. Das Sonnenjahr bestand nämlich aus 18 Monaten zu 20 Tagen plus 5 zusätzlichen Tagen. Aus diesem Grunde ändern sich bei der Kalenderberechnung auch die weiteren Stellenzahlen: Sie lauten 7 200, 144 000, 2 880 000 usw.

Mit diesem mathematischen Wissen und ihren astronomischen Kenntnissen errechneten die Maya ihren höchst präzisen Kalender. In allen Agrargesellschaften hängt der Wohlstand von der Fähigkeit ab, die Jahreszeiten zu berechnen, insbesondere den Beginn der Regenperiode, die Termine für Aussaat und Ernte. Es gibt also keinen Kalender ohne astronomische Grundlage. Denn allein der Lauf der Gestirne ermöglicht – wie eine Himmelsuhr – die Einteilung eines genauen Jahreszeitenzyklus.

Der Maya-Kalender ist äußerst kompliziert: Er gründet sich auf ein dreifaches Bezugssystem, nämlich auf ein Sonnenjahr von 365 Tagen, ein heiliges Jahr von 260 Tagen und ein Venusjahr von 584 Tagen. Das Venusjahr beruht auf dem sichtbaren Umlauf des Planeten Venus, der fünf Umläufe in acht Erdjahren vollendet. Schließlich diente das Sonnenjahr, das 18 Monate zu 20 Tagen plus 5 zusätzliche Tage zählte, auch als Grundlage der Berechnung des *katun*. Das ist eine Periode von 20 mal 360 Tagen (die fünf zusätz-

Über den beiden konzentrischen ringförmigen Räumen, die einen Zylinder aus Mauerwerk mit der inneren Wendeltreppe umschließen – ihr verdankt das Gebäude seinen Namen –, stellt das Observatorium von Chichén-Itzá einen hochgelegenen Beobachtungsstand dar.
Obgleich teilweise zerstört, sind in der Sternwarte drei Mauerschlitze erhalten. Durch sie war es möglich, die Methoden der Maya für die Aufstellung ihres Kalenders zu rekonstruieren.

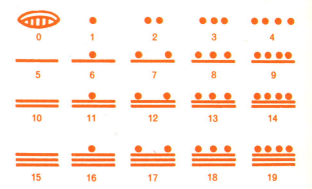

Der große cenote von Chichén-Itzá, ein natürlicher Brunnen im Kalkboden von Yucatán, ist etwa 50 Meter breit, die Wasseroberfläche liegt etwa 20 Meter unterhalb des Brunnenrandes, und das Wasser selbst ist 13 Meter tief. Mit der Ankunft der Tolteken, denen diese Stätte ihren Namen (Am Brunnen der Itzá) verdankt, wurde dort ein Kult zu Ehren von Tlaloc, dem Gott des Regens, eingeführt. Um sich die Gunst der Götter zu sichern, stürzte man junge Menschen lebend ins Wasser. Die Opfer waren mit Juwelen bedeckt, die von Archäologen beim Ausbaggern des heiligen cenote wiederaufgefunden wurden.

Darüber:
Die Maya-Zahlen von 1 bis 19.

lichen Tage wurden vernachlässigt), also von 7200 Tagen (7200 ist die erste vierstellige Zahl). Die Multiplikation mit 20 setzt sich fort in einer Reihe von Zeitabschnitten, die unseren Jahrhunderten oder Jahrtausenden vergleichbar sind. Der letzte dieser von den Maya benutzten Langzeitzyklen umfaßt 23 Milliarden und 40 Millionen Jahre.

Ein anderer Zeitabschnitt verbindet die Sonnenjahre mit den Ritualjahren in der Weise, daß ein bestimmter Tag in beiden Systemen wieder auf denselben Tag fällt. Das ist nach 18 980 Tagen der Fall, also nach 52 Jahren.

Schließlich besaßen die Maya eine Zeitrechnung. Ihre Chronologie beginnt mit einer Zeitangabe, die dem Jahr 3113 v. Chr. entspricht – einem sagenhaften Datum, das weit vor allen archäologischen Zeugnissen über die Ursprünge der Kultur in diesem Teil der Erde liegt.

Erstaunliche statistische Schätzungen

Das mathematische Wissen, über das die Maya-Priester verfügten, konnte nur mit Hilfe von Methoden, die wir heute als Statistik bezeichnen würden, auf die Astronomie angewandt werden. Über lange Zeit durchgeführte Beobachtungen lieferten Durchschnittswerte, durch die sie die angenäherten Maße und die ohne Teleskop oder andere optische Instrumente beobachteten und geschätzten Winkel korrigierten.

Als Grundlage für die Aufstellung eines Mondkalenders dienten – nach dem Bericht des Dresdner Kodex – die Beobachtungen von insgesamt 405 Mondumläufen (mehr als 32 Jahre). Dieser Zeitraum wurde auf 11 960 Tage berechnet. Moderne Astronomen errechneten für denselben Zeitraum 11 959,888 Tage, was eine Differenz von einem Tag in jeweils 380 Jahren bedeutet. Der Fehler liegt unter 4 Minuten pro Jahr oder 17 Sekunden je Mondumlauf – für ein Volk, das absolut kein Instrument für die Zeitmessung besaß, geradezu unglaublich.

Gegenüber:
Die Fassade des Hauses der Nonnen von Chichén-Itzá (links) mit der Ecke der Iglesia (im Vordergrund). Diese beiden Gebäude stammen aus dem 8.-9. Jahrhundert.

Mit Beginn der maya-toltekischen Epoche in Chichén-Itzá ändert sich der Stil und nimmt einen ernsteren, fast tragischen Charakter an. Die Allgegenwart Quetzalcóatls, der Federschlange, der von den Hochebenen stammte und in Yucatán unter dem Namen Kukulkán bekannt war, ist unabänderlich. Auf beiden Seiten der Treppe öffnet er das Maul wie zur Verteidigung der heiligen Gebäude. Im Vordergrund die Adlerplattform, im Hintergrund der Jaguartempel, verbunden mit dem großen Ballspielplatz.

Riesige Mäuler von Federschlangen, deren Leib den Schaft der Säulen bildet und deren Klapperschlangenschwanz zum Himmel gerichtet ist, bewachen den Zugang zum Heiligtum, das den Ballspielplatz von Chichén-Itzá überragt.

Unmittelbar am Ballspielplatz von Chichén-Itzá der Jaguartempel, überragt vom Heiligtum des Kukulkán, von wo aus die Priester die heiligen Spiele verfolgten, durch welche die Mannschaften den Lauf der Sonne nachahmten.

Nach dem Dresdner Kodex erreichen auch die Berechnungen des Venus-Umlaufs eine außergewöhnliche Genauigkeit. Venus ist der hellste Stern am Himmel; schon vor Sonnenuntergang sichtbar, leuchtet er selbst nach Sonnenaufgang noch. Um eine zufriedenstellende Berechnung zu erreichen, wurden die Beobachtungen 384 Jahre lang fortgesetzt. Sie ergaben eine mittlere Venus-Umlaufzeit von 584 Tagen, während die moderne Astronomie 583,92 Tage errechnet hat. Der Irrtum der Maya betrug also 1 Stunde und 12 Minuten pro Jahr.

Welche Methoden – abgesehen von den mathematischen Berechnungen – benutzten die Maya? Wir haben die Winkelbeobachtungen schon erwähnt: Sonnenauf- und -untergang in Bezug auf die Ekliptik, die ihnen die Bestimmung der Daten der Sonnenwenden und der Tag- und Nachtgleichen ermöglichten. Wir müssen auch die Schätzungen der Winkelhöhe eines Himmelskörpers über dem Horizont in einem bestimmten Zeitpunkt berücksichtigen, z.B. die Höhe von Venus über dem Horizont bei Sonnenaufgang am Tag der Sommersonnenwende. Solche Kombinationen – unter Einbeziehung mathematischer Mittelwerte – ermöglichen es den Maya, die Zeit fast auf die Sekunde genau anzugeben, obwohl sie keine Uhr kannten.

Die Invasion der Tolteken

Wie schon 500 Jahre zuvor nach dem Fall von Teotihuacan, der großen Hauptstadt des Hochlands, wurden auch im 10. Jahrhundert die alteingesessenen Kulturvölker Mexikos von Wogen von Eindringlingen aus den Nordregionen unterworfen. Dieses Schicksal traf insbesondere die Stadt Tula nördlich von Mexiko, die von Nomadenkriegern eingenommen wurde und deren gesamte Bevölkerung flüchtete. Der toltekische Stamm der Itzá begann jetzt eine lange Wanderung. Nachdem er mit Frauen und Kindern das 2400 Meter hohe Hochland hinter sich gelassen hatte, stieg er über die Gebirgspässe am Fuß der großen Vulkane in östlicher Richtung zum Meer hinab. Auf diesem Wege gelangten die Flüchtlinge zuerst in die totonakische Stadt El Tajín in der Nähe der Golfküste. Von hier aus setzte eine Mehrheit der Itzá den bewaffneten Weitermarsch längs der Küste unverzüglich fort, und zwar zum Nordosten Yucatáns, wo die Maya, deren Kultur bereits im Verfall begriffen war, wenig Widerstand leisteten.

Ein prophetischer Text, das „Buch des Chilam Balam", das kurz nach der spanischen Eroberung übertragen wurde, berichtet von der Odyssee der Itzá auf der Suche nach einer neuen Heimat und ihrer Ansiedlung in der alten Maya-Stadt Uucilabnal, die sie 987 unter dem Namen Chichén-Itzá zu ihrer Hauptstadt machten. Sie hatten mehr als 1000 Kilometer zu Fuß zurückgelegt, bis sie in diese ihnen völlig neue Umgebung kamen.

Eine echte Renaissance begann jetzt im Norden Yucatáns unter dem Einfluß der Eingewanderten. Diese kulturelle Erneuerung fand zwischen dem 10. und 12. Jahrhundert statt, doch blieb ihr geographischer Wirkungsbereich beschränkt: Lediglich in Chichén-Itzá und Mayapán blühte der neue, aus der Verschmelzung traditioneller Elemente der Maya- und Tolteken-Kultur entstandene Kunststil. Die Einwanderer verstanden es, das Wissen ihrer Vorgänger in sich aufzunehmen. Das Ergebnis war ein vom klassischen Maya-Stil sehr verschiedener Kunststil. Sein tragischer, bisweilen düsterer und grandioser Charakter hebt sich stark ab von der lichtvollen Ästhetik der vergangenen Kunstepoche. Dieser Wandel spiegelt die tiefen Veränderungen im Denken und in der Religion der Maya nach der Invasion wider. Mit der Ankunft der Itzá begann der Kult einer neuen Gottheit, die in ganz Mittelamerika verehrt wurde: des Quetzalcóatl, in Yucatán Kukulkán genannt. Dieser Kult erforderte zahlreiche Menschenopfer.

Seit der klassischen Maya-Periode war der religiöse Kult mit Opfern und Trankopfern verbunden: Weihrauch, rohe oder gekochte Nahrung, Tier- oder Menschenblut. Zu erwähnen sind auch die Selbstopferungen von Maya-Büßern, die ihre eigene Zunge oder ihre Ohrläppchen durchstachen und

Der Ballspielplatz von der Plattform der Pyramide El Castillo aus gesehen. Deutlich zu erkennen ist das südliche Ende des Spielplatzes. Hier, zwischen den abgeböschten hohen Seitenmauern, stellten sich die Mannschaften auf. Man beachte, wie unveränderlich flach der Horizont in Yucatán ist. Rechts die Darstellung eines hohen Würdenträgers in Flachrelief.

Der Totenschädel an einer Ecke des Tzompantli. Das Flachrelief geht in eine Vollplastik über.

Ganz oben:

Detail der Flachreliefdarstellungen von Totenschädeln, die sich an der Plattform des Tzompantli (Schädelplattform) entlangziehen. Dieser riesige Altar der Totenschädel, wo die dem Gott Kukulkán feierlich geopferten Feinde den Blicken aller dargeboten wurden, ist mindestens 60 Meter lang.

ihr Blut opferten. Allerdings haben die Maya sehr früh auch schon Menschenopfer durch Herausreißen des Herzens gekannt, was die Flachreliefs in Piedras Negras und Malereien in Bonampak bestätigen. Immerhin scheinen solche Opfer im Anfang sehr selten gewesen zu sein. Mit Beginn der maya-toltekischen Epoche erreichte die Zahl der Opfer (zumeist Gefangene) ein Ausmaß, vergleichbar den furchtbaren Massakern der Azteken. Auch schon vor der mexikanischen Invasion wurden in Chichén-Itzá den Göttern bisweilen Opfer dargebracht: Sie wurden lebend in den heiligen *Cenote*, den natürlichen Opferbrunnen, geworfen, wo sie ertranken....

Die maya-toltekische Architektur

In der heiligen Stadt von Chichén-Itzá erblühte der letzte Kunststil der Maya-Welt. Trotzdem wäre es ein Irrtum, ihn vollständig aus der einheimischen Kultur Yucatáns herzuleiten. Er war vielmehr das Produkt einer Symbiose zwischen den Techniken der Maya und der Kunst der toltekischen Eroberer, der Itzá. Tatsächlich war der Wandel derart, daß Chichén-Itzá viel mehr mit Tula gemeinsam hat als mit den Maya-Kultstätten. Der Gesamtplan des Tempels der Krieger von Chichén-Itzá z.B. stimmt vollständig überein mit der Atlantenpyramide (oder Pyramide des Tlahuizcalpantecuhti, des Gottes des Morgensterns, unseres Planeten Venus) in Tula: dieselben Eingangskolonnaden, dieselben Monumentaltreppe, dieselbe Stufenpyramide, dieselben Schlangensäulen, dieselben Friese mit schreitenden Jaguaren und Adlern. Kurz: alles gleicht sich – bis auf ein typisches Element der Maya-Architektur: das gemauerte Gewölbe. Diese Idee verwerteten die Itzá mit großem Vorteil beim Bau ihrer Säulenhallen.

Der Säulensaal im Tempel der Krieger ist das Ergebnis einer Verbindung des Maya-Gewölbes – es ist im präkolumbischen Mexiko unbekannt – mit

Säulen oder Pfeilern. Diese bilden in vielen Dutzend von Exemplaren die Träger für die riesigen Deckenkonstruktionen und ermöglichen schließlich den Bau der Tausendsäulenhalle. Der Saal, dessen Fassade offen ist, wird aus langen parallelen Jochen senkrecht zur Eingangsachse gebildet. Der so entstandene Innenraum stellt eine wahrhaft meisterliche architektonische Leistung dar. Die schweren Maya-Betongewölbe ruhten nicht mehr auf massiven Mauern, sondern auf gut fünfzig Pfeilern oder Säulen, die durch waagerechte Holzbalken miteinander verbunden waren. Diese kühne Konstruktion ermöglichte den Bau eines gedeckten Raumes, der - im Anfangsstadium der Entwicklung - 750 Quadratmeter groß war. Das war ein bemerkenswerter Fortschritt im Vergleich zu den Maya-Konstruktionen, deren größte Säle im Gouverneurspalast zu Uxmal nicht über 80 Quadratmeter hinausgingen. In der Folgezeit wurden die Säulenhallen der toltekischen

Blick über die Plattform der Totenschädel oder Tzompantli in Chichén-Itzá. Im Hintergrund die Adlerplattform.

Unten:
Die Adlerplattform, ein quadratischer Platz, auf den vier Treppen axial hinaufführen. Das Bauwerk im maya-toltekischen Stil ist mit Flachreliefs dekoriert, auf denen Jaguare und Federschlangen dargestellt sind sowie Adler, die die Herzen von Menschenopfern verschlingen.

Die Tempelpyramide El Castillo von Chichén-Itzá mit dem gegenüberliegenden Jaguartempel, von der Plattform der Böschungsmauern aus gesehen, die das Spielfeld begrenzen.

Tolteken-Krieger von Chichén-Itzá mit reichem Federkopfschmuck, einem Brustpanzer mit Jaguaremblem und Ohrenschmuck mit menschlichem Gesicht, das vielleicht die Sonne symbolisiert.

Epoche zu Chichén-Itzá immer größer und erreichten in der gewaltigen Halle der tausend Säulen neben dem Kriegertempel über 1300 Quadratmeter.

Der Unterschied in den Raumgrößen ist aber nicht allein quantitativ: Er ist eine Folge neuartiger Bedürfnisse. Im Gegensatz zu den zahlreichen Zellen, in denen die Maya-Würdenträger gleichsam eingeschlossen waren in ihrem Individualismus und eingetaucht in ihre mathematischen Meditationen, benötigten die Krieger vom Jaguar- und Adlerorden geräumige Versammlungsplätze für blutige Riten und Massenveranstaltungen.

Die großartigste Pyramide von Chichén-Itzá mit dem Namen El Castillo (Schloß) geht ebenfalls auf das 10. bis 11. Jahrhundert zurück. Diese 33 Meter hohe Pyramide mit quadratischem Grundriß von 55 Metern Seitenlänge ist aus neun Stufen errichtet. Vier Treppen – auf jeder Seite eine – führen zum Tempel. Jede Treppe besteht aus 91 Stufen, zusammen sind es also 364 Stufen. Mit einer weiteren Stufe am Tempeleingang erhöht sich die Zahl auf 365 und ist damit gleich der Zahl der Tage eines Sonnenjahres. Am Fuß der Treppe repräsentieren gefiederte Schlangen Kukulkán.

Das erste Ziel der Ausgrabungen am Castillo war, zwei Seiten des imposanten Bauwerks, die durch die Vegetation stark zerstört waren, in ihrer ursprünglichen Schönheit wiederherzustellen. Als Muster dienten die beiden anderen Seiten, die guterhalten aufgefunden worden waren. Doch bald schon vermuteten die Archäologen, daß die Pyramide auf einer anderen, älteren errichtet sei. Solche Überraschungen sind so häufig in der präkolumbischen Kulturwelt, daß die Archäologen üblicherweise sorgfältige Bohrungen niederbringen, um die Entwicklungsgeschichte eines Gebäudes zu erkunden. Höchst erstaunt waren die Restauratoren des Castillo, als sie unter dem sichtbaren Tempel auf der Pyramidenplattform einen anderen intakten Tempel entdeckten, der buchstäblich in das Innere der Baumasse eingebettet war. Im Innern des Raumes, den keines Menschen Fuß seit tausend Jahren mehr betreten hatte, erblickten die Archäologen ein Heiligtum in dem Zustand, in dem die Priester ihn nach der letzten Zeremonie verlassen hat-

El Castillo in Chichén-Itzá, vom Kriegertempel aus gesehen. Diese Tempelpyramide aus dem 11. Jahrhundert weist neun Stufen und vier axiale Treppen auf. Das Bauwerk hat 55 Meter Seitenlänge und 30 Meter Höhe. Am Fuß der Treppenläufe bewachen Federschlangen den Zutritt zum Heiligtum. Im Vordergrund ein Standartenträger.

ten. Den Eingang nahm ein großer Chac-Mool ein (die Statue einer auf dem Rücken liegenden und auf die Ellbogen gestützte Gottheit, eine Opferschale haltend), hinter dem sich der Thron des roten Jaguars erhebt. Er ist geschmückt mit dreiundsiebzig Jade-Inkrustierungen, die das gefleckte Fell des heiligen Tieres nachahmen.

Das Ende der Maya-Kultur

Das Wirtschaftssystem der Maya beruhte, wie in allen Agrargesellschaften, auf dem Ertrag der Bauernklasse. Die Bauern ernährten die gesamte Bevölkerung. Ernteüberschüsse ermöglichten nicht allein das Einlagern von Vorräten für die Zukunft, sondern auch den Lebensunterhalt der Künstler und der Adligen. Die Künstler waren ausschließlich mit Arbeiten für die herrschende Kaste beschäftigt und, durch deren Vermittlung, auch für die Götter. Dieses System führte zu einer Machtkonzentration in den Händen einer religiösen Oligarchie, die immer größere Ansprüche an die Bauern stellte. Nur ein Anstoß von außen vermochte die bäuerliche Klasse zu befreien und die erstaunliche Sozialstruktur der Maya zu erschüttern. Diese Erschütterung trat im Gefolge der großen Völkerwanderungen ein, die Yucatán überfluteten, nachdem barbarische Völker in Meza Central eingefallen waren.

Als der Aufruhr schließlich ausbrach, vermochte nichts mehr ihn aufzuhalten. Er breitete sich weiter und weiter aus – wie eine Epidemie. In drei Generationen hatte er das ganze Land erfaßt: Überall ruhte die Arbeit, die Stelen blieben unvollendet, die Schrift kam außer Gebrauch, und die Daten des heiligen Kalenders wurden nicht mehr aufgezeichnet. Aufgrund der letzten Aufzeichnungen vermögen wir dem siegreichen Vordringen der revoltierenden Bauern zu folgen: Palenque 782, Copán 801, Tikal 869, Uxmal 909, schließlich die Einnahme von Chichén-Itzá durch die Tolteken im Jahre 987. Ihr folgte eine Renaissance, der 1007 der Bund mit Mayapán neuen Aufschwung gab. Mayapán selbst fiel 1185.

Folgende Doppelseite:
Der Kriegertempel in Chichén-Itzá. Der Pfeilerwald trug die betonierten Maya-Gewölbe, die auf Holzbalken ruhten. Diese verfaulten und rissen die Decke mit.

Gegenüber, oben:
Das Heiligtum des Kriegertempels in Chichén-Itzá: Hinter einem Chac-Mool markieren den Eingang zum Heiligtum zwei Säulen in Gestalt von Federschlangen, das Maul fast auf dem Erdboden, das Schwanzende aufgerichtet.

Gegenüber, unten:
Flachreliefdarstellung eines mit einer Lanze bewaffneten maya-toltekischen Kriegers.

Unten: *Federschlange und Standartenträger des Kriegertempels.*

Ganz unten: *Am Fuße des Tempels der Krieger: der große Tausend-Säulen-Saal.*

Teotihuacán, die Stadt der Götter auf dem Hochplateau in der Nähe von Mexiko, begründete die erste große klassische Hochkultur des Hochlands. Sie erlebte ihre Blütezeit vom 3. bis zum 5. Jahrhundert n.Chr. Links die kürzlich restaurierte Mondpyramide, im Vordergrund die Zitadelle, rechts die riesige Sonnenpyramide.

Die große Treppe des Quetzalcóatl-Tempels im Bezirk der Zitadelle aus dem 1. Jahrhundert unserer Zeitrechnung. Die drohenden Mäuler der Federschlangen wechseln mit Darstellungen des Regengottes Tlaloc.

Kapitel IV
Die „Götterstädte" Teotihuacán und Monte Albán

Wenn wir das Tiefland von Yucatán zum Hochplateau von Meza Central hin (so nennen es die Mexikaner) verlassen, entdecken wir eine präkolumbische Metropole, die den Maya-Stätten sehr unähnlich ist. Fernab vom Urwald oder vom Buschdickicht wurde die Stadt Teotihuacán, die die klassischen Kulturen Mittelamerikas jahrhundertelang beherrschte, in 2300 Meter Höhe am Fuße der großen, bis 5000 Meter hohen Vulkane erbaut. Diese großartige religiöse Metropole, die eine entscheidende Bedeutung für das präkolumbische Mexiko hatte, liegt etwa 40 Kilometer nördlich von Mexiko City.

Teotihuacán ist eine Anlage aus Pyramiden, Plätzen, heiligen Straßen und ernsten, majestätischen Palästen. Das Kultzentrum bedeckt mehr als 5 Quadratkilometer im Herzen einer Stadt, die zur Zeit ihrer größten Ausdehnung eine Fläche von 32 Quadratkilometern umfaßte. Diese weiträumige Kultanlage ist wahrscheinlich die bedeutendste präkolumbische Stadtgründung,

Detail der Maske des Regengottes Tlaloc, die die Stufen des Quetzalcóatl-Tempels in Teotihuacán ziert: eine geometrische Stilisierung. Mit den ringförmigen Augen und den pastillenförmigen Schmuckmotiven im Gesicht, die vielleicht Regentropfen bedeuten sollen, bewacht die Gottheit die Stufen des Heiligtums.

Das Maul der Federschlange, die die Treppenbrüstungen zum Quetzalcóatl-Tempel in Teotihuacán schmückt: Ihre Zähne sind schreckenerregend und ihre Augen faszinierend. Die dunkle Silhoutte der Sonnenpyramide von Teotihuacán hebt sich gegen den Berg ab.

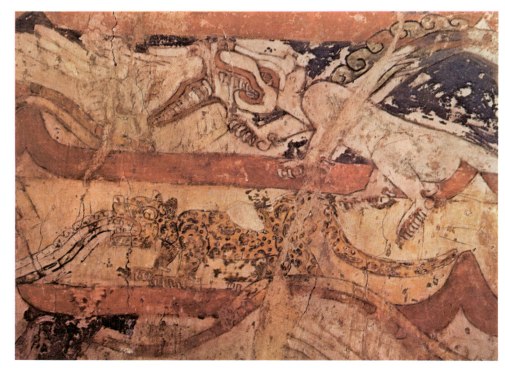

Steinmaske im klassischen Stil von Teotihuacán: Schlange mit inkrustiertem Mosaik aus Türkis, roten Muscheln, Perlmutter und Obsidian.

Ganz oben, links:
Monolithische Statue, die in Teotihuacán gefunden wurde. Sie stellt die Wassergottheit dar (Mexiko, Museum).

Oben, rechts:
Palast des Quetzalpapalotl in Teotihuacán, erbaut um 250 unserer Zeitrechnung. Der Innenhof ist von Säulenhallen mit reliefgeschmückten Pfeilern umgeben.

Ein Beispiel der Fresken, die die meisten Innenwände der Kultgebäude und der Wohnungen der Priester und Adligen von Teotihuacán schmückten.

und zwar sowohl durch ihre monumentalen Ausmaße als auch durch die kluge Raumnutzung und die systematische Genauigkeit in der Ausführung des Gesamtplans.

Diese alte Hauptstadt lag längst in Trümmern, bevor die Konquistadoren kamen. In den Augen der damals lebenden Azteken galt die Anlage als mythische Gründung der Götter selbst. Deshalb gaben sie diesen grandiosen Ruinen den Namen „Stadt der Götter". Denn sie wußten nichts von den Menschen, die diese von ihnen verehrten Bauwerke errichtet hatten.

Ganz unten:
Detail der Flachreliefs, die den Palast des Quetzalpapalotl schmücken: Profilansicht des Quetzal-Vogels mit einem Auge aus inkrustiertem Obsidian.

Ein erstaunliches Zeremonialzentrum

Die Sonnenpyramide, Mittelpunkt des gesamten heiligen Bezirks von Teotihuacán, zeigt allein durch ihre Ausmaße das hohe kulturelle Niveau ihrer Erbauer. Die Zahlen sprechen für sich: Länge der Grundfläche 225 Meter, Breite 222 Meter; Grundfläche fast 50 000 Quadratmeter. Die obere Plattform liegt 63 Meter über dem Erdboden. Das gesamte Volumen des Bauwerks beläuft sich auf über 1 Million Kubikmeter, was etwa 2 Millionen Tonnen Baumaterial entspricht.

Das nächstbedeutende Bauwerk von Teotihuacán ist die Mondpyramide. Sie mißt 150 mal 140 Meter und beansprucht eine Fläche von über 20 000

Die Sonnenpyramide von Teotihuacán, von der Straße der Toten aus gesehen: Ein künstlicher Berg aus über 2 Millionen Tonnen Baumaterial, errichtet im 3.-2. Jahrhundert vor unserer Zeitrechnung von Menschen, die weder Karren noch Tragtiere kannten.

Quadratmetern. Bei 42 Metern Höhe beträgt ihr Volumen annähernd 300 000 Kubikmeter.

Außer diesen zwei mächtigen Pyramiden findet sich im Zeremonialzentrum von Teotihuacán eine imposante, von Gebäuden gesäumte Straßenachse, die „Straße der Toten", obwohl sie keinerlei Bestattungszeremonien dient. Sie ist 2 Kilometer lang und beginnt an der Mondpyramide. Hier öffnet sich ein viereckiger Platz, der von terrassierten Plattformen umgeben ist, der sogenannte Platz des Mondes. Am anderen Ende führte die Straße der Toten an der Westseite der Sonnenpyramide vorbei zu einer weiträumigen Umwallung, Zitadelle genannt – die jedoch keinerlei militärische Bestimmung hat. Sie umgibt den Tempel des Quetzalcóatl, der in allen Kulturen des mexikanischen Hochlandes gegenwärtigen gefiederten Schlange.

Das Alter der Stadt Teotihuacán

Zu welcher Zeit wurde diese großartige Anlage errichtet, die noch zu Anfang dieses Jahrhunderts in der Landschaft nicht zu erkennen war? Wer erbaute diese phantastischen künstlichen Berge aus schwarzem Basalt, die sich kaum von den Basaltkegeln am Horizont unterscheiden?

Die richtige Datierung von Teotihuacán war lange Zeit Gegenstand heftiger Diskussionen unter den Fachleuten. Nach den Ausgrabungen von 1962

Blick von der Nordplattform auf den großen Platz von Monte Albán. Ein weiträumiges Kultzentrum aus viereckigen Plätzen, umsäumt von Pyramiden und Treppen. Die Metropole der Zapoteken erlebte ihre Blütezeit vom 5. bis zum 8. Jahrhundert unserer Zeitrechnung, doch reicht ihre Geschichte bis ins erste vorchristliche Jahrtausend zurück. Wie ein Balkon die umgebenden Täler beherrschend, scheint die Stadt der Priesterkönige von Mittelmexiko aufgehängt zwischen Himmel und Erde.

Gegenüber, oben:
Totenurne aus einem Grab in Monte Albán. Diese sehr kunstvoll ausgearbeiteten Keramikgefäße stellen die Gottheiten des zapotekischen Pantheons mit allen Attributen dar (Mexiko, Museum).

Gegenüber, unten:
Die „Anlage M" genannte Pyramide von Monte Albán. Eine monumentale Treppe führt hinauf zu dem Tempel auf der Plattform, von dem nur die Grundmauern erhalten sind. Rechts unten die Flachreliefs der Danzantes.

durch Ignacio Bernal, den späteren Direktor des Nationalmuseums von Mexiko, konnte mit Hilfe der Radiokarbonmethode eine neue Chronologie aufgestellt werden, nachdem in den Deckenbalken eines Palastes in der Nähe des Mondpalastes das Kohlenstoffisotop 14 gefunden worden war.

Aufgrund der neuen Erkenntnisse, durch die die vorher angenommenen Daten um 250 Jahre zurückverlegt werden mußten, scheinen die Anfänge von Teotihuacán ungefähr bis ins 5. Jahrhundert vor unserer Zeitrechnung zurückzugehen. Aus dem 3. Jahrhundert vor unserer Zeitrechnung datiert die Sonnenpyramide, die Straße der Toten und die Mondpyramide stammen aus dem 2. Jahrhundert. Die Zitadelle und der Tempel des Quetzalcóatl wurden zu Anfang unserer Zeitrechnung aufgeführt.

Der berühmte Palast, in dem der Balken mit Karbon 14 die neue Chronologie ermöglichte – der sog. Quetzalpapalotl–Palast –, wurde um 250 v.Chr. erbaut. Zweihundert Jahre später erfolgte die systematische Zerstörung des Palastes und des Kultzentrums durch Eindringlinge aus dem Norden. Von 450 – 650 überlebte die Stadt schlecht und recht, bis sie nach einer neuen Invasion von den Einwohnern endgültig verlassen wurde.

Ein Konstruktionsprinzip: das Paneel

Die geradlinigen Perspektiven und die streng begrenzten Baukörper von Teotihuacán beruhen auf einem einzigen konstruktiven Grundelement, dessen stetige Wiederholung eine Art rhythmischer Zwangsvorstellung hervorruft. In der Tat zeigen die Anlagen aus freien Plätzen, Plattformen, Pyramiden und Höfen überall dasselbe Gestaltungselement, dasselbe Verhältnis der Baukörper zueinander, dasselbe Simswerk, dessen immer sich wiederholender Anblick keineswegs nur dekoratives Element ist, sondern Bestandteil einer Bautechnik, die für den Architekturstil von Teotihuacán charakteristisch ist. Dieses konstruktive Grundelement wurde von den mexikanischen Architekten *tablero* genannt, ein Wort, das wir nur mit „Paneel" übersetzen können. Die senkrechten Flächen, die von einem vorstehenden Rahmen eingefaßt sind, sind typisch für die Architektur dieser Landschaft.

Diese Konstruktion ermöglichte den Verzicht auf wenig dauerhaftes Material und zog den Bau in aufeinanderfolgenden Stufen hohen Stützmauern vor, die zu errichten die ungenügende Widerstandsfähigkeit des Kalkmörtels verbot. Das senkrechte Mauerwerk, zum Zusammenhalten der Baumassen bestimmt, mußte also durch ein Stufensystem ersetzt werden, das optisch nicht die unbestimmte Form schräger Linien noch den verschwommenen Charakter eines Baukörpers mit geneigten Begrenzungsflächen hat. Durch eine treppenförmige Anordnung von Paneelen wurde es möglich, die Baukörper zu artikulieren, da sie im senkrechten Lichteinfall einen Licht-Schatten-Effekt bewirken – ganz im Gegensatz zu geneigten Flächen.

Zwei Regeln finden mit gebieterischer Beständigkeit Anwendung auf die Paneel-Bauweise von Teotihuacán. Die erste ist die Rechtwinkligkeit, d.h. die strenge Anordnung der Paneele in einem rechtwinkligen System, denn alle Bauwerke sind im Sinne derselben Achse orientiert; die zweite ist die Symmetrie, zumeist eine Folgeerscheinung der Rechtwinkligkeit. Sowohl die Gebäude selbst als auch die gesamten Bauanlagen sind dieser strikten axialen Symmetrie unterworfen. Schließlich muß auch die raumgliedernde Wirkung der Treppe unterstrichen werden, deren mit Brüstungen versehene Läufe die Perspektive beleben.

Bauweise der Pyramiden

Die beiden großen Pyramiden lassen dieselbe Bauweise erkennen: Die drei unteren Schichten mit trapezförmigen Außenflächen sind von der vierten durch einen senkrechten Vorsprung getrennt. Auf der oberen Plattform stand einst der Tempel. Die erhaltenen Fundamente der Mauern und die ausgegrabenen Modelle in Stein und gebranntem Ton vermitteln uns eine

Ganz unten:
Der große Ballspielplatz von Monte Albán mit den Böschungsmauern zu beiden Seiten, deren Oberflächen ursprünglich stuckiert und bemalt waren. Der Platz hat die Form eines breiten H.

Rechts:
Der große Platz von Monte Albán, von Süden gesehen: Im Vordergrund das mit den übrigen Gebäuden nicht in gleicher Achsenrichtung erbaute Observatorium in der seltsamen Form eines Schiffsbugs.

Detail der für Monte Albán typischen Paneel-Füllung: Mit ihren reliefverzierten Vorsprüngen, die eine schräge Wandfläche überdecken, sind sie typisch für den Architekturstil dieser Gegend.

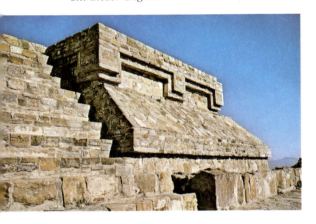

Vorstellung vom Aussehen des Tempels. Er enthielt nur einen Raum, zu dem allein die Priester Zutritt hatten.

Die Monumentaltreppen, die zu dem Tempel auf der Plattform der Sonnenpyramide führen, beginnen am Fuß mit zwei Läufen, einem auf jeder Seite der ersten Schicht, die auf der Westseite einen Vorbau hat. Diese beiden Läufe vereinigen sich oben auf der ersten Schicht, teilen sich wieder am Fuß der dritten Schicht und vereinigen sich erneut auf der dritten Schicht. Nach Überschreiten des senkrechten Vorsprungs erreichen sie die Tempelplattform über die vierte Schicht.

Wenn es zutrifft, daß die Sonnenpyramide einem Sonnenkult gedient hat – sie ist in Richtung auf den Horizontpunkt des Sonnenuntergangs am Tag der Sommersonnenwende orientiert –, dann könnten die beiden Treppenläufe vielleicht die länger und kürzer werdenden Tage symbolisieren. Den Daten der Feiern entsprechend konnten die Priester über die südliche Treppe hinaufsteigen und über die nördliche zurückkehren oder umgekehrt.

Durch Bohrungen und einen vorgetriebenen Tunnel wurde 1960 im Innern der Sonnenpyramide ein primitives Bauwerk entdeckt, wodurch wir Aufschluß über ihre Bauweise erhalten haben. Um einen festen Erdkern aus horizontalen Lagen gestampfter Erde haben die Erbauer, um eine Aushöhlung dieses durchlässigen Materials durch den Regen zu verhindern, einen Schutzmantel aus vulkanischem, mit Mörtel verbundenem Gestein gelegt. Um aber jeder Formveränderung des Bauwerks vorzubeugen, haben sie darüber hinaus senkrechte Stützpfeiler auf den Seiten der Pyramide in die Masse eingebaut.

Wenn die Bewältigung einer so ungeheuren Baumasse von Menschen, die weder über Baukräne noch über Zugtiere verfügten, uns in höchstes Erstaunen versetzt, so müssen wir uns an die Arbeitsweise der Maya bei Errichtung ihrer Plattformen erinnern. Tausende von Arbeitern – deren Lohn einzig in

ihrer Nahrung bestand – waren beim gemeinsamen Werk beschäftigt, wenn in der Trockenheit die Feldarbeit ruhte.

Wenn 4000 Arbeiter jährlich insgesamt 100 000 Tonnen Baumaterial beförderten, waren schätzungsweise 20 Jahre erforderlich, um die 2 Millionen Tonnen Baumaterial der Sonnenpyramide zusammenzutragen.

Die Zitadelle

Den Zitadellen-Komplex kann man in großen Zügen umschreiben als ein geräumiges umwalltes Quadrat von 400 Metern Seitenlänge. Auf die Umwallung sind kleine stufenförmige Terrassenbauten gesetzt, die über Treppen-

Drei Beispiele der berühmten Danzantes oder Tanzenden von Monte Albán. Diese archaischen Flachreliefs, auf denen sich neben den menschlichen Figuren häufig Schriftzeichen finden, gehen auf das Jahr 650 vor unserer Zeitrechnung zurück und sind offensichtlich durch den olmekischen Kunststil der Golfregion beeinflußt. Es handelt sich hier um eines der ältesten Schriftbeispiele in der Neuen Welt.

Ein außergewöhnlicher Goldanhänger aus dem Grab Nr. 7 von Monte Albán. Der obere Teil zeigt zwei Ballspieler, die sich auf einem Spielplatz in Form eines breiten H gegenüberstehen. Unten erkennt man ein Sonnensymbol und einen Schmetterling. Diese sehr feine Goldschmiedearbeit ist eine mixtekische Arbeit aus dem 12. Jahrhundert unserer Zeitrechnung (Oaxaca, Museum).

Grab Nr. 7 von Monte Albán. Diesen Anblick bot das Grab, als es 1931 von Alfonso Caso entdeckt wurde. Der unterirdische Raum, in dem man oben die Verzahnung der als Träger des Satteldachs angeordneten Steinplatten erkennt, war ursprünglich ein Zapotekengrab und wurde dann mit einem mixtekischen Fürsten erneut belegt.

Gegenüber, oben:
Menschlicher Schädel, mit einem Türkismosaik inkrustiert und mit Augen aus durchbohrten Steinscheiben. Vielleicht handelt es sich um den Kopf eines geopferten Gefangenen, der den Verstorbenen in die andere Welt begleitete. Diese mixtekische Arbeit wurde in Monte Albán gefunden.

läufe zugänglich sind. Der eingeschlossene rechteckige Hof von 195 mal 235 Metern ist in Richtung einer West-Ost-Achse orientiert. Der Eindruck strenger Ordnung und höchster Vollendung geht von dieser, mit den einfachsten architektonischen Mitteln errichteten Anlage aus. Durch Wiederholung gleicher Formen und ihre grundsätzlich rechtwinklige Anordnung haben die Architekten von Teotihuacán ein Meisterwerk geschaffen.

Im Ostteil des Hofes haben die Ausgrabungen die Pyramide, die den Tempel des Quetzalcóatl trägt, freigelegt. Die klassischen Paneele, die die sechs Schichten verkleiden, sind ganzflächig mit Hochreliefs bedeckt. Sie stellen abwechselnd die Köpfe der gefiederten Schlange (Quetzalcóatl selbst) und des Regengottes Tlaloc dar. Die Köpfe Quetzalcóatls erscheinen in Gestalt von Drachen mit kugelförmigen Augen und bedrohlichen Zähnen, während sein Rachen von einer Art feuriger Halskrause umgeben ist. Die Köpfe des Regengottes deuten auf eine streng geometrische Stilisierung des Maskenthemas hin: große ringförmige Augen und eine aus Scheiben bestehende Verzierung. Diese Motive, ursprünglich mit Stuck überzogen und farbig bemalt, ergaben, ohne die zwölf Köpfe Quetzalcóatls an den Brüstungen der großen Treppe, vermutlich 360 Darstellungen der Gottheit, eine Zahl, die der Anzahl der Tage im Sonnenjahr von 18 mal 20 Tagen entspricht.

Ein gleicher Symbolismus charakterisiert das kleine Heiligtum in der Mitte des Platzes der Zitadelle. Seine vier Treppen mit je 13 Stufen haben insgesamt 52 Stufen, und diese Anzahl entspricht der Anzahl der Jahre eines großen Zyklus.

Der Palast des Quetzalpapalotl

Auf dem Mondplatz am Fuße der Pyramide gleichen Namens steht ebenfalls ein zentrales Heiligtum, das von einem Dutzend dreistufiger Terrassen umgeben ist. Im Westen dieses Platzes wurde 1962 der Palast des Quetzalpapalotl entdeckt und restauriert, ein Gebäude, das ursprünglich als Wohnung für die hohen Würdenträger von Teotihuacán diente. Sein Grundriß

bildet ein Viereck, in dessen Mitte ein Hof von Säulengängen umgeben ist. Hinter diesen Säulengängen, deren Flachdach von quadratischen Steinpfeilern getragen wird, liegen auf drei Seiten Räume von 8 bis 9 Metern Länge und 7 Metern Breite.

Die größte Aufmerksamkeit beanspruchen in diesem Palast die mit Flachreliefs geschmückten Pfeiler. Die Skulpturen stellen mythische Vögel dar, eine Kreuzung zwischen Quetzal und Schmetterling, die abwechselnd von vorn und im Profil erscheinen. Obsidian- und Muscheleinlagen beleben den Dekor, der wahrscheinlich mehrfarbig bemalt war.

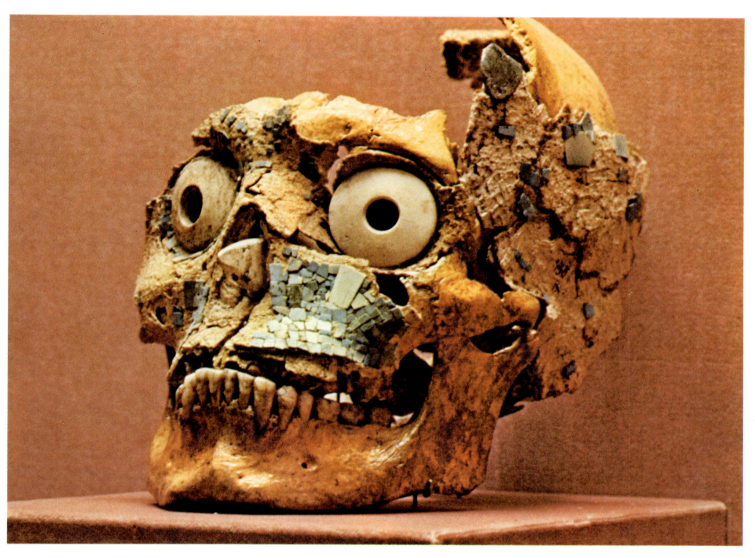

Goldbrosche mit Türkisinkrustierungen und Stufenmäandermotiv. Dieses Stück mixtekischer Goldschmiedekunst, das einen Schild mit vier Speeren darstellt, kommt aus Yanhuitlán (Mexiko, Museum).

Großes Goldperlenkollier mit 12 Reihen, das im Grab Nr. 7 gefunden wurde.

Tatsächlich war die ganze Stadt, die heute, wegen der allgemeinen Verwendung von Vulkangestein bei ihrem Aufbau, grau und schwarz erscheint, einst mit leuchtenden Farben geschmückt. Alle Gebäude des Zeremonialzentrums waren stuckiert und mehrfarbig bemalt. Großartige Fresken bedeckten die Bänke ringsum an den Wänden der Räume des Palastes. Gegenstand der Freskenbilder waren insbesondere Gottheiten, wie der Jaguar, die Federschlange, Tlaloc, oder Darstellungen des Paradieses.

Eines dieser erst kürzlich entdeckten Fresken beweist auch die Existenz einer Sonderart des Ballspiels in Teotihuacán. Man erblickt darauf Spieler mit Schlaghölzern (oder mit Schlägern nach Art des amerikanischen Baseballs), die sich in zwei Mannschaften auf einem Spielplatz gegenüberstehen, an dessen beiden Enden Zielpfosten aufgestellt sind. Auch wurde in Teoti-

Die Ruinen der Palastanlage von Yagul zwischen Monte Albán und Mitla. Die Stadt, die die fruchtbare Ebene beherrscht, geht auf das erste Jahrtausend vor unserer Zeitrechnung zurück, aber die Ruinen der Priesterwohnungen datieren nicht vor dem 10. Jahrhundert n.Chr. und stellen den Übergang vom zapotekischen zum mixtekischen Kunststil dar.

huacán eine Steinstele, gekrönt von einem Ring, ausgegraben, dessen Bedeutung unklar war. Es handelte sich einfach um einen Zielpfosten des Ballspiels, das wahrscheinlich zwischen den geböschten Mauern der Straße der Toten vor der Sonnenpyramide ausgetragen wurde.

Monte Albán, die heilige Akropolis

Wenn wir vom Hochland nach Mittelmexiko hinabsteigen, entdecken wir eine weitere sehr bedeutsame präkolumbische Kultur: die der Zapoteken. Ihre Metropole war Monte Albán. Diese „Weißer Berg" genannte Stadt erhebt sich im Herzen des heutigen Staates Oaxaca, 350 Kilometer südöstlich von Mexiko City, in einer von tiefen Tälern durchzogenen Bergregion. An der Nahtstelle dreier fruchtbarer Ebenen erhebt sich der dürre Hügel von Monte Albán. Um 400 Meter überragt er die in 1600 Meter Höhe gelegene Barockstadt Oaxaca.

Dank ihrer Lage an der Trennlinie zwischen den mexikanischen Kulturen und der Maya-Region war das Gebiet der Zapoteken ein kultureller Kreuzungspunkt. Hier vermischten sich olmekische und Maya-Einflüsse, aber auch solche aus Teotihuacán und Meza Central. Auf dem Gipfel dieser religiösen Zitadelle Monte Albán erheben sich ihre grandiosen Ruinen in wolkenloser Einsamkeit. Dieser Balkon blickt weit über das Land und stellt einen fast uneinnehmbaren Punkt dar. Trotzdem war die Akropolis von Monte Albán an erster Stelle ein Kultzentrum. Im Gegensatz zu der Stadt der Götter, die sich frei in einer weiten Ebene ausbreitet, krönt die „Götterburg" der Zapoteken eine steile Höhe. Nirgendwo zeigt sich so klar die Absicht, ein Kulturzentrum in einer Lage zu erbauen, die eine ernsthafte Stadtplanung unmöglich macht. Um die Gebäude, die eine Fläche von 700 mal 400 Metern bedecken, auf dieser Anhöhe zu errichten, mußten die Architekten den Berggipfel planieren, Stützmauern hochziehen und Terrassen herrichten, bevor sie mit dem Bau von Pyramiden, Palästen und Grabmälern beginnen konnnten.

In einer einzigartigen, grandiosen Kraftanstrengung vereinte sich ein ganzes Volk, um den Berg umzugestalten. In der Tat ist die neue Gestalt des Berges mit seinen Ruinen das Ergebnis von mehr als tausendjähriger mühsamer Arbeit, und die noch sichtbaren Baustrukturen lassen erkennen, wie die Stadt in ihrer Blütezeit etwa vom 5. bis zum 7. Jhdt. n. Chr. aussah.

Neben einer Reihe von Pyramiden, ehemals mit Tempeln überbaut, fällt ein Observatorium ins Auge, das von der Nord-Südorientierung der Gesamtanlage abweicht und die merkwürdige Form eines Schiffsbugs aufweist. In das Innere dieses Gebäudes führt ein Besichtigungsgang. Wie in Teotihuacán waren auch in Monte Albán Palastwohnungen für die Priester reserviert. Unter diesen Palästen zieht besonders der Palast der „Danzantes" die Aufmerksamkeit auf sich, so genannt wegen der Flächenreliefskulpturen auf Steinplatten, die vermutlich Tanzende darstellen. Diese Skulpturentafeln, auf denen auch Schriftzeichen eingeschnitten sind, sind offensichtlich vom olmekischen Stil beeinflußt und gehen auf die erste Entwicklungsphase der Stadt um 650 vor unserer Zeitrechnung zurück.

Bei den Inschriften handelt es sich nur um ein oder zwei Zeichen, die vor den Mund der Figuren gesetzt sind, als sollten sie ein gesprochenes Wort oder den Namen des Würdenträgers bedeuten. Bis heute konnten diese archaischen Zeichen noch nicht entziffert werden.

Durch seine an monumentalen Treppen und Paneelfassaden reiche Architektur, die bisweilen an die von Teotihuacán erinnert, ist Monte Albán in archäologischer Sicht vielleicht die reichste Anlage im ganzen alten Mexiko. Der Hügel ist buchstäblich von Grabkammern durchlöchert, die in den Boden gegraben und mit schweren Steinplatten verschlossen sind. Die Ausstattungen, die in einigen der 174 bisher entdeckten Gräber gefunden wurden, sind außerordentlich kostbar. Besonders erwähnenswert sind sehr interessante Keramik-Begräbnisurnen mit Hochreliefdekorationen. Mehrere dieser Gräber sind mit Fresken geschmückt.

Massiver mixtekischer Goldanhänger. Er stellt den Gott Xipe als Priester dar, der mit der Haut eines Opfers bekleidet ist. Dieses Werk stammt aus Coixtlahuaca im Staat Oaxaca (Mexiko, Museum).

Der Ballspielplatz von Yagul, hervorragend restauriert durch den mexikanischen Archäologen Ignacio Bernal. Auch hier finden sich die beiden geböschten Seitenwände wie am Ballspielplatz von Monte Albán.

Unter den in einigen unversehrten unterirdischen Gräbern in Monte Albán – besonders in dem berühmten Grab Nr. 7, 1931 von Caso ausgegraben – aufgefundenen Kunstwerken gebührt der Goldschmiedekunst ein hervorragender Platz. Der weitaus kostbarste präkolumbische Schatz wurde in diesem Grab gefunden, und seine Meisterwerke sind heute der Stolz des Museums von Oaxaca. Eine große Überraschung erwartete jedoch die Archäologen bei der Prüfung dieser mit meisterhafter Kunstfertigkeit gearbeiteten Kleinodien: Sie waren nicht zapotekischen, sondern mixtekischen Ursprungs. Ein Fürst aus dem Stamm der Mixteken war also nicht in seiner Hauptstadt Mitla, sondern in Monte Albán beigesetzt worden, und zwar in einem Grab, in dem zuvor ein Zapotekenprinz bestattet war. Diese ungewöhnliche Grablegung läßt vermuten, daß Monte Albán noch lange nach seinem Niedergang eine heilige Stätte geblieben ist und in gewisser Weise das Rom der Völker Zentralmexikos war.

Yagul und Mitla, mixtekische Städte

Wir nähern uns nun der Zeit, da die Zapoteken ihre beherrschende Stellung an ein neues Volk verloren, an die Mixteken. Eines der ersten Werke dieses indianischen Volkes, das sich zur Herrschaft über Mittelamerika anschickte, befindet sich auf halbem Wege zwischen Oaxaca und Mitla. Es ist die Stadt Yagul, die jüngst ausgegraben und von mexikanischen Archäologen wiederhergestellt worden ist. In Yagul ziehen vor allem die Paläste die Aufmerksamkeit auf sich. Ihre Lage innerhalb mehrerer miteinander verbundener Plätze, mit ebensovielen Innenhöfen, auf die sich die Hauptsäle öffnen, kündigt die strenge Struktur der weißen Paläste von Mitla an. Sehr interessant ist auch der große Ballspielplatz von Yagul, dessen Ähnlichkeit mit dem von Monte Albán überrascht: dieselbe H-Form, dieselben geböschten Seitenmauern, damit der Ball zu den Spielern zurücklief, und dieselben Abmessungen des Spielfeldes.

Zwar war Yagul seit altersher bewohnt, seine große Bedeutung gewann es jedoch erst im 9. Jahrhundert, noch vor dem Aufblühen der mixtekischen Kultur, deren Hauptstadt seit dem 10. Jahrhundert n.Chr. Mitla war. In Mitla erreichte die präkolumbische Architektur einen Höhepunkt: Die weißen Fassaden der Paläste mit den Licht-Schatten-Effekten der geometrischen Ornamente, die riesigen Säle, die Innenhöfe in der Mitte der Plätze, die inneren Kolonnaden – das alles macht die mixtekischen Paläste zu Meisterleistungen. Sowohl die Stadtplanung als auch die geometrischen Muster der Fassadendekorationen erinnern an das wundervolle „Viereck der Nonnen" zu Uxmal in Yucatán. Fast scheint es, als sei in dieser Palastarchitektur der

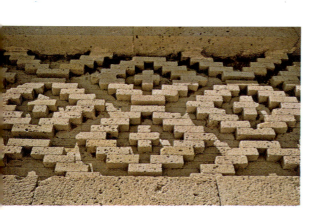

Detail eines Steinmosaiks aus der architektonischen Dekoration des Säulenpalastes in Mitla. Kleine, sorgfältig angeordnete Tuffsteinquader bilden Ornamentbänder im Wechsel von Rauten, Mäandern, Stufenmäandern, Kreuzen usw.

Ecke des Innenhofs, auf den der Säulensaal im großen Palast von Mitla sich öffnet. Charakteristisch für diese Bauwerke ist der Mauerverband aus großen Steinblöcken und kleinen Elementen, die mit minuziöser Genauigkeit eingepaßt sind: eine wahre Goldschmiede-Arbeit.

Einfluß des Maya-Genies wirksam gewesen, insbesondere aus Uxmal, der Hauptstadt des Puuc-Stils im 9. Jahrhundert. In Uxmal wie in Mitla machen die gestreckten Horizontalen und die geometrischen Dekors diese Bauwerke zu einer Art Traumbild zeitgenössischer Architektur.

Das zentrale Element, die Gruppe der Säulen in Mitla, verkörpert diesen Stil am besten: Dieser nach Süden geöffnete Platz wird im Osten und Westen von zwei symmetrischen Palästen flankiert. Der riesige Palast, der den nördlichen Abschluß bildet, erhebt sich auf einer 50 Meter langen Terrasse. Die Mauern des Gebäudes sind aus Mosaikdekorationen in Stein aufgeführt, die die Verblendung bilden und zur Wärmeisolierung mit gestampfter Erde hinterfüllt sind. Die flache Decke aus Rundhölzern wurde von einer Reihe

mächtiger monolithischer Säulen in der Mitte getragen und war ebenfalls mit Erde isoliert.

Die dekorativen Motive, die alle Fassaden dieses Palastes schmücken, sind in waagerechten Paneelen angeordnet. Jedes Paneel zeigt einen anderen ornamentalen Rythmus: Wellenlinien, Rhomben, Mäanderbänder u.ä. Diese Mosaiken sind Wunder minuziöser Handwerkskunst. Die aus weißen Tuffsteinen zusammensetzten Gebilde verraten eine ähnliche perfekte Kunstfertigkeit wie die Arbeiten der mixtekischen Goldschmiede.

Bei der Ankunft der Konquistadoren war der Palast in Mitla noch bewohnt. So konnten die Soldaten von Cortez die letzten Mixtekenfürsten noch sehen, Vasallen der Azteken, die noch in diesen Prunkbauten lebten.

Blick auf die Südfassade des Säulenpalastes zu Mitla. Dieses architektonische Meisterwerk der Mixteken-Metropole ist wahrscheinlich um das Jahr 1200 unserer Zeitrechnung errichtet worden und in bemerkenswert gutem Erhaltungszustand. Mit 45 Metern Länge erinnert es an die Proportionen der Maya-Paläste im Puuc-Stil in Yucatán.

Kapitel V
Die Totonaken der Golfküste und die Völker des Nordens

Die Zeit vom Zusammenbruch der großen klassischen Kulturen von Teotihuacán und Monte Albán bis zur Errichtung eines großen Zentralreichs unter Führung der Azteken bedeutete für Mexiko eine Art Mittelalter. Das Land war geschüttelt von Einfällen nomadischer Krieger.

Die Golfregion, die nach Verschwinden der alten Olmekenkultur ihre eigene Entwicklung fortgesetzt hatte, erlebte auch unter den Totonaken von El Tajín eine klassische Blütezeit. Sie ist erst teilweise erforscht und läßt noch bedeutende Funde erwarten.

El Tajín zählte zu den bedeutendsten Hauptstädten des alten Mexiko. Im heutigen Staat Veracruz, inmitten der heißen Niederungen des Golfgebietes, nordöstlich von Mexiko-City gelegen, enthält die Stadt über hundert *tumuli* (Grabhügel). Einige erheben sich im Flachland, andere auf einer Akropolis, hoch auf den ersten Hügeln, die die Ebene an der Meeresküste säumen. Vor wenigen Jahrzehnten noch war die Anlage im tropischen Urwald verborgen.

Die von den Totonaken bewohnte Golfregion ist reich an den sogenannten „lächelnden Gesichtern", kleinen, fein modellierten Keramikfiguren. Diese durch Abformung (Model) hergestellten Hohlfiguren drücken einen der Ekstase ähnlichen euphorischen Zustand aus. Archäologen vermuten, daß dieser Ausdruck Wirkung einer Droge war, die zukünftigen Sakralopfern verabreicht wurde (Privatsammlung).

Dieses riesige Flachrelief von einem Ballspielplatz der Totonakenstadt El Tajín stellt eine Menschenopferung durch Herausreißen des Herzens dar. Das Opfer wird durch einen Assistenten des Hohenpriesters niedergehalten. Dieser bereitet sich darauf vor, eine Obsidianklinge in die Brust des Opfers zu stoßen, über dem der Todesgott schwebt. Dieselbe Gottheit steht als Statue links in seinem Heiligtum, während ganz rechts der Herrscher auf seinem Thron, ein Zepter in der Hand, der Zeremonie beiwohnt.

Die Nischenpyramide, das beherrschende Monument im totonakischen El Tajín. Sie besteht aus sechs Terrassen bis zu dem hochgelegenen, heute zerstörten Tempel. Nach oben führt eine breite, mit Stufenmäandern geschmückte Treppe. Wie der Hauptballspielplatz stammt auch die Pyramide aus der Blütezeit von El Tajín zwischen dem Beginn unserer Zeitrechnung und dem Jahr 650 n. Chr.

Rechts:
Maul der Federschlange, die im Gebiet von Xochicalco verehrt wurde.

Unten:
Die Pyramide des Quetzalcótl von Xochicalco. Der tief eingeschnittene Fries, der das Bauwerk umgibt, stellt die Windungen einer riesigen Federschlange dar.

Ganz unten:
Detail einer Stele von Xochicalco mit einer Darstellung des Regengottes.

Gegenüber:
Große Tonfigur aus Colima: ein singender Trommler (Privatbesitz).

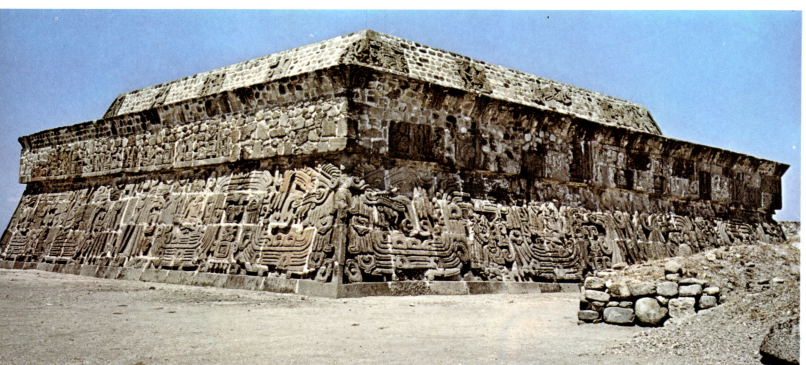

Die Nischenpyramide lenkte zuerst die Aufmerksamkeit auf diese Anlage. Sie allein war nicht gänzlich von der Vegetation überwuchert und unter einem irdenen Leichentuch begraben. Die Entdeckung dieser glanzvollen totonakischen Hauptstadt begann mit diesem außergewöhnlichen Monument. Die Nischenpyramide, die bis 1780 unbekannt war, besitzt eine quadratische Basis von 35 Metern Seitenlänge und ist aus 7 übereinandergesetzten Stufen aufgebaut. Sie erreicht eine Höhe von 25 Metern. Ihre Ostseite wird flankiert von einer breiten Treppe mit beiderseitigen Brüstungen, die mit Stufenmäander-Mosaiken geschmückt sind, ein in der präkolumbischen Kultur beliebtes Motiv.

Die Nischen, denen das Bauwerk seinen Namen verdankt, sind charakteristisch für die alte Architektur von El Tajín (wie die Paneele für Teotihuacán). Sie versetzten die Wissenschaftler in Verlegenheit, die meinten, die Nischen hätten ursprünglich Skulpturen enthalten. Tatsächlich sollte diese Struktur durch die tiefen Schatten, die die tropische Beleuchtung hervorruft, lediglich eine starke plastische Wirkung erzielen. Außerdem entlastete diese Nischenkonstruktion die Stützmauern, indem sie die gestampften Erdmassen, die den Kern des Bauwerks bilden, zusammenhielt. Ästhetische und

praktische Gesichtspunkte ergänzen sich hier also im Sinne einer echt „funktionalen Lösung", die eben zugleich auch schön ist.

Einschließlich der Nischen unter der großen Treppe beläuft sich ihre Gesamtzahl auf 365, ein Hinweis auf die 365 Tage des Sonnenjahres und das astronomische Weltbild der indianischen Bevölkerung.

Das Aufblühen des alten Teiles von El Tajín muß bis in die klassische Zeit von Teotihuacán und Monte Albán zurückreichen. Auf ihrem Höhepunkt umfaßte die Stadt mehr als 10 Quadratkilometer. Sie verfügte über nicht weniger als sechs Ballspielplätze, von denen einer mit einem großartigen Flachrelief geschmückt war, das eine berühmte Szene einer Menschenopferung zeigt. Bedeutete dieses Menschenopfer, daß der Besiegte im Ballspiel – einem heiligen Spiel, das den Lauf der Sonne nachahmte – sterben mußte und den Göttern geopfert wurde? Es wäre nicht ausgeschlossen.

In einer zweiten kulturellen Blüte erfuhr El Tajín – ähnlich wie Chichén-Itzá – einen starken toltekischen Einfluß. Ein Volksstamm der Itzá siedelte sich, nach der Einnahme von Tula, auf dem Weg nach Yucatán an der Golfküste an. Sie hinterließen interessante Spuren auf der Akropolis von El Tajín. Das geschah im 10. Jahrhundert unserer Zeitrechnung.

Krieger im Nayarit-Stil (Mexiko, Museum).

Oben, rechts:
Gesichtsdetail einer Nayarit-Keramik. Die Ohren sind zum Einhängen von Schmuck durchlöchert (Mexiko, Museum).

Ganz oben:
Nayarit-Figurine: „Der Denker" (Privatbesitz).

Die Völker des Nordens und ihre Töpferkunst

Zwar ist die Architektur der Hauptschlüssel zum Verständnis der präkolumbischen Kulturen, doch gibt es ein Gebiet, in dem die Bauwerke rar sind: im Nordwesten Mexikos entlang der Pazifikküste. Hier dienen uns nicht mehr die Baudenkmäler, sondern die prächtigen keramischen Plastiken der Einwohner als Führer.

Das trifft zu für die Keramik im Stil von Colima, Nayarit und Yalisco und ihre lebensvollen und ungezwungenen Figuren. Diese Kunst, die erstaunliche Analogien mit den Keramiken der Pazifikküste Perus (vornehmlich Moche) aufweist, bleibt schwer zu datieren. Die Schätzungen der Wissenschaftler reichen von 300 bis 900 n.Chr., wenn nicht gar bis 1250.

Diese großartigen Werke der plastischen Kunst sprechen mit ihrem ausdrucksvollen, oft expressionistisch überhöhten Gesichtern für sich; besser als langatmige Erläuterungen scheinen uns daher die Bildbeispiele dieser Doppelseite.

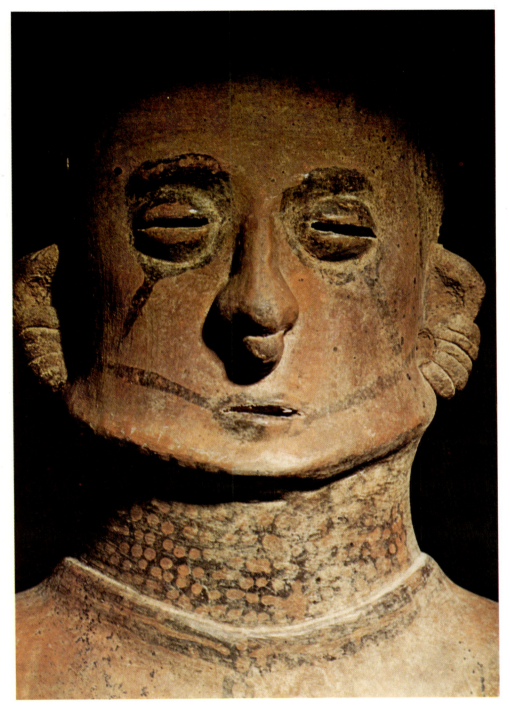

Figur im Nayarit-Stil. Die Augen gleichen Kaurimuscheln (Mexiko, Museum).

Ganz unten, links:
Bemalte Keramikfigur aus Nayarit (Mexiko, Museum).

Ganz unten, rechts:
Detail einer Figur aus Nayarit mit Nasenring (Mexiko, Museum).

Frauenfigur im Colima-Stil (Privatbesitz).

Ganz unten, links:
Detail vom Kopf eines Atlanten in Tula, der einen hohen Federkopfschmuck trägt. In diesen mächtigen Stelen von mindestens 4,5 Metern Höhe manifestiert sich der kraftvolle, nüchterne Kunststil der toltekischen Krieger.

Ganz unten, rechts:
Bunte Flachreliefs mit Totenkopfmotiven schmücken das Coatepantli *(Schlangenmauer) genannte Gebäude in Tula.*

Die Pyramide des Tlahuizcalpantecuhtli, des Gottes des Morgensterns, eine toltekische Arbeit aus Tula. Diese Hauptstadt der Tolteken wurde 856 auf dem Hochplateau nördlich von Teotihuacán gegründet.

Xochicalco: Zuflucht im Sturm

Wenn wir jetzt auf das Hochplateau zurückkehren, das wir nach der zweifachen Invasion Teotihuacáns verlassen hatten – die erste hatte 450 das Kultzentrum, die zweite 650 die ganze Stadt verwüstet –, finden wir die Zentralregion den eingefallenen Barbaren aus dem Norden preisgegeben. Nur wenige isolierte Orte entgingen der Zerstörung. Unter ihnen gelangte die Stadt Xochicalco, nahe Cuernavaca, in die Rolle einer Austauschstation zwischen der alten und der neuen Kultur. In 1500 Metern Höhe auf einem Berggipfel erbaut, der 130 Meter über seine Umgebung emporragt, ist Xochicalco mit uneinnehmbaren Befestigungswerken ausgestattet, die es der Bevölkerung ermöglichten, sich in den Wirren des 7. Jahrhunderts zu behaupten.

Der bebaute Komplex, der sich über verschiedene Hügel der Umgebung ausdehnt, die untereinander durch geradlinige Straßen von Höhe zu Höhe verbunden sind, wird überragt von einem Kultzentrum mit mehreren Pyramiden, zwei Ballspielplätzen, Wohnbauten und einem unterirdischen Gang. Der Haupttempel ist Quetzalcóatl geweiht. Seine vier Außenwände sind überall mit prächtigen Flachreliefs geschmückt, die tief in die großen Steinplatten eingeschnitten sind. Auf diesem, Pyramide der Federschlange genannten Bauwerk stand wahrscheinlich ein Heiligtum von 10 mal 10 Metern. Zwei Säulenpaare trugen die Deckenbalken, während der Zugang durch zwei Pfeiler in drei Eingänge geteilt war.

Die Entwicklung des Innenraumes in Tula

In der Toltekenstadt Tula, an deren Zerstörung wir sowohl in Verbindung mit der maya–toltekischen Renaissance als auch mit der späteren Epoche von El Tajín erinnert haben, sind die ersten Anstrengungen zu erkennen, Versammlungsplätze in umschlossenen Bezirken zu schaffen. Das Kriegervolk der Tolteken, dem die endgültige Zerstörung von Teotihuacán angelastet wird, entwickelte schrittweise eine eigene Kultur. Im 10. Jahrhundert grün-

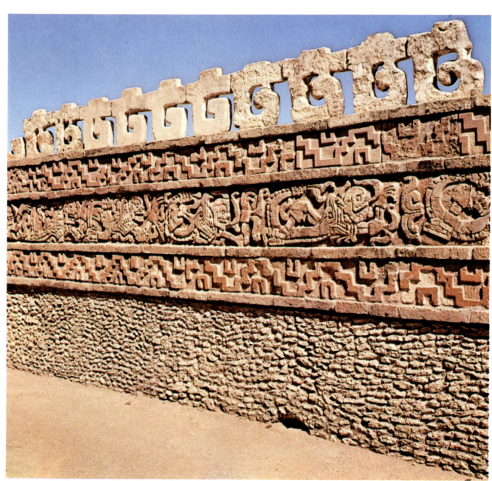

dete es eine Hauptstadt nahe der Stadt der Götter. Tula oder Tollán, wie einige Chroniken sie nennen, führte tiefgründige Neuerungen in die präkolumbische Architektur ein. Die Erbauer von Teotihuacán übernahmen jedoch die Orientierung der Sonnenpyramide, nach der sich ihre Bauwerke ausrichten – mit einer Abweichung von 17 Grad, die nicht zufällig ist, sondern mit der Westrichtung übereinstimmt, wenn die Sonne den Zenit überschreitet.

Das bedeutendste Bauwerk ist die Pyramide von Tlahuizcalpantecuhti oder Pyramide des Morgensterns, also dem Planeten Venus geweiht. Vorbild des Tempels der Krieger zu Chichén-Itzá, besteht diese Pyramide aus fünf Stufen, hat einen quadratischen Grundriß von 38 Metern Seitenlänge und eine Höhe von 10 Metern. Eine große Treppe führt über die Südseite auf die Plattform.

Von dem fast völlig verschwundenen Tempel existieren lediglich noch die Monumentalskulpturen, die das Dach trugen. Es sind 4,5 Meter hohe vollplastische Riesenstatuen, die Atlanten oder Karyatiden gleichen! Sie stellen Krieger mit Federkopfschmuck dar, die einen Brustschild in Schmetterlingsform tragen. Vor dem Eingang standen zwei zylindrische Säulen, die als riesige Schlangenkörper ausgebildet waren. Ihr Kopf mit offenem Maul diente als Basis, während ihr Schwanz den Türsturz trug. Dieses architektonische Element wurde später von Chichén-Itzá übernommen.

Die Bauweise dieses Atlantentempels in der Tradition des Quetzalcóatl-Tempels in Xochicalco leitete eine interessante Entwicklung zum Säulensaal ein. Es scheint sicher, daß die Ankunft der nordischen Eindringlinge das religiöse Gesellschaftssystem verändert hat. In Zukunft wurden die Tempel für eine militärische Oligarchie errichtet, und die weiten Innenräume und Säulenhallen der toltekischen Architekten waren dazu bestimmt, die Repräsentanten der neuen Ordnung aufzunehmen.

Die in Basalt gemeißelten Atlanten vom Tempel des Morgensterns in Tula tragen schwere Gürtel und einen Brustschild in Schmetterlingsform. Die vierte Statue (links) ist eine Kopie, das Original steht in Mexiko im Museum. Diese mächtigen Säulen in Menschengestalt trugen das Dach des Tempels. Die Metropole wurde 1168 durch barbarische Chichimeken zerstört.

Kapitel VI
Das Reich der Azteken

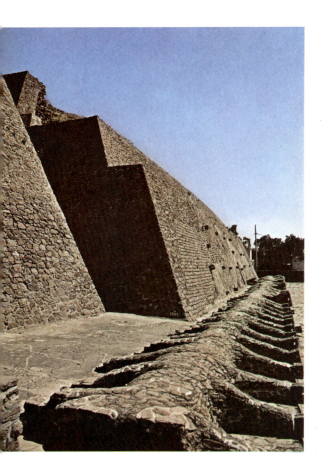

Die Schlangenpyramide von Tenayuca, der Metropole der Chichimeken, die durch die Azteken im 14. Jahrhundert vergrößert und verschönert wurde. Sie verwandelten das Gebäude in ein riesiges Heiligtum, das aus mehreren Überbauungen besteht.

Die Rundpyramide von Calixtlahuaca bei Toluca ist dem aztekischen Windgott Ehécatl geweiht. Sie besteht aus vier Überbauungen, von denen die hier sichtbare vorletzte zwei weitere enthält, die unbeschädigt im Baukörper enthalten sind. Den letzten fast völlig zerstörten Überbau haben die Archäologen weggeräumt.

Wenngleich die Azteken als letzte auf dem Schauplatz der präkolumbischen Geschichte erschienen, markiert ihr ungestümer Aufstieg doch den Höhepunkt der nachklassischen Kulturen im alten Mexiko. Im Gegensatz zu den Kulturen der Maya und Zapoteken oder der von Teotihuacán entwickelte sich das Aztekenreich aufgrund unablässiger Kriege. Dieses Volk, das aus den nördlichen Regionen kam und sich auf dem Hochplateau Zentralamerikas niedergelassen hatte, verdankt seinen Aufschwung den Kriegern. Die ersten Scharen der Mexica (ursprünglicher Name der Azteken) setzten sich auf einer Insel im Texcoco-See fest, dort, wo heute Mexiko City liegt. Es war eine unterentwickelte, kriegerische Bevölkerung, die aus dem Gebiet von Aztlán kam – daher ihr Name Azteken – und sich mit dieser ungünstigen Lagune im Brackwasser des Sees zufrieden gab. Ausdauernd und mutig unterwarfen sie die unmittelbaren Nachbarn und gründeten 1325 ihre Hauptstadt Tenochtitlán. Im Laufe eines Jahrhunderts dehnten sie ihre Herrschaft zielbewußt und Schritt für Schritt auf das ganze Zentrum des Landes aus, wo sich einstmals hochstehende Kulturen entwickelt hatten, deren Erbe sie antraten.

Die Aztekenführer praktizierten eine wahrhaft imperialistische Politik und unterwarfen nach und nach die Völker Zentralmexikos: Mixteken und Zapoteken, die schon im Niedergang waren. Dann bahnten sie sich einen Weg zum Meer, besiegten die Huaxteken der Region von Tampico, die Totonaken im heutigen Veracruz am Golf und faßten zur selben Zeit Fuß an der Pazifikküste. So schufen sie das größte Reich im präkolumbischen Mexiko. Im Jahre 1520, bei der Ankunft der spanischen Schiffe, standen sie auf dem Höhepunkt ihrer Machtentfaltung und kontrollierten ein Territorium, das größer war als Frankreich.

Ein neuartiger Kunststil: die Paläste

Während ihrer zweihundertjährigen Herrschaft war es den Azteken gelungen, die Vermächtnisse der vorausgegangenen Kulturen zu assimilieren. Sie prägten selbst einen bemerkenswert einheitlichen Kunststil, wenngleich sie Künstler aus den verschiedenen Provinzen des Reiches zur Mitarbeit heranzogen.

Die meisten profanen Bauwerke der Azteken sind verschwunden oder haben nur geringe Spuren hinterlassen. Die Berichte der Begleiter von Cortez, die Tenochtitlán eroberten und plünderten, beweisen, daß die Paläste riesengroß waren. Auf einer quadratischen Fläche von 200 Metern Seitenlänge wurden die Gebäudekomplexe mit inneren Höfen und Patios ein- oder zweigeschossig errichtet. Das obere Geschoß war dem Herrscher vorbehalten, während das Erdgeschoß für die öffentlichen Dienste bestimmt war: für Schatzkammer, Gerichte und Arsenale. Der große Empfangssaal faßte 3000 Menschen. Die Konquistadoren berichten, daß man auf der Terrasse ein Turnier mit 30 Rittern habe veranstalten können.

Ganz unten:
Wenn die Präkolumbier nie das Rad benutzten, weder für Fuhrwerke noch für Lastentransporte, so statteten die Azteken andererseits dieses Keramikspielzeug in Form eines Haushundes mit vier kleinen Rädern aus. Sie beweisen damit auch, daß das Prinzip des Karrens und der Achse nicht unbekannt war (Mexiko, Museum).

Unter stark zerstörten späteren Überbauungen entdeckten die mexikanischen Archäologen in der Nähe von Mexiko die fast intakte aztekische Pyramide Santa Cecilia. Der Tempel auf der Plattform, in dem Menschenopfer dargebracht wurden, ist erhalten geblieben.

Die Aztekenpaläste lassen also die in Tula und Chichén-Itzá zutage getretenen Tendenzen erkennen: Die Innenräume erreichten hier unter neuen religiösen und sozialen Bedingungen vorher nie gekannte Dimensionen.

Pyramiden und Menschenopfer

Die aztekischen Pyramiden tragen grundsätzlich zwei Tempel, *teocalli* oder Gotteshäuser genannt, denn sie sind gleichzeitig zwei großen Gottheiten geweiht, z.B. Quetzalcóatl und Tezcatlipoca, den beiden Schöpfergottheiten. Adler und Jaguar, Embleme der Kriegerorden und der Armee, haben die Aufgabe, die Sonne, Huitzilopochtli – verbunden mit Tlaloc, dem Regengott – durch Menschenopfer zu ernähren. Und oben auf der Plattform der Pyramiden fanden diese blutigen Riten statt, bei denen die Opfer hingeschlachtet wurden, um die Weltordnung aufrechtzuerhalten und die Rückkehr der Sonne zu gewährleisten. Nur das Blut und die aus der Brust der Opfer gerissenen Herzen vermochten die Götter zu befriedigen.

Ganz unten:
Dieser menschliche Schädel aus der Aztekenzeit erzielt durch das inkrustierte Mosaik aus Jade und Türkisen eine reiche farbige Wirkung. Die Augen bestehen aus Pyritkugeln, die in Muschelringe eingesetzt sind. Eine wahre Todesfaszination geht von diesem Werk aus, das, so wird berichtet, Montezuma II. dem Cortez zum Geschenk machte (Mexiko, Museum).

Teopanzolca nahe Cuernavaca: Beispiel einer Doppelpyramide aus der Aztekenzeit, auf der einst zwei Tempel standen.

Wenn diese blutigen Herzopfer bei ihren Vorgängern noch relativ selten gewesen waren, machten die Azteken sie zu einer erschreckend häufigen Zeremonie. Für die Weihe der großen Pyramide von Tenochtitlán, 1487, sollen die Priester 20 000 Kriegsgefangene geopfert haben.

Die Kultgebäude der Azteken unterscheiden sich aber nicht wesentlich von ihren toltekischen Vorbildern: Auch hier findet sich das Baumuster aus Pyramide und hochgelegenem Tempel, die Technik des Übereinanderbauens, welche Archäologen oft unter einer Bauruine eine ältere, wohlerhaltene Pyramide finden läßt (wie in Santa Cecilia), und schließlich ein dem Stil von Tula verwandter Dekorationsstil.

Das Tenochtitlán Montezumas II.

Die Stadtplanung von Tenochtitlán muß erstaunlich gewesen sein, wenn man spanischen Chronisten, Zeitgenossen der Eroberung, glauben darf. Die Bewunderung, die z.B. Bernal Diaz del Castillo äußert, läßt vermuten, daß die Stadt ganz großartig war. Diesen Beschreibungen zufolge bot die Azteken-Metropole das Bild eines Venedig der Neuen Welt. Die Stadt lag auf einer Insel im Texcoco-See, die mit dem Festland durch drei große Dämme

verbunden war. Kanäle durchzogen die Stadt, deren geometrisches Netz die Stadtteile in kleine Inseln zerlegte. Bei der Ankunft der Europäer hatte Tenochtitlán bereits über die Insel hinaus am Seeufer Fuß gefaßt. Die Stadt dürfte, nach Ignacio Bernal, auf etwa 1000 Hektar Fläche 100 000 Einwohner gezählt haben. Verwaltungsmäßig war sie von der großen Pyramide aus in vier Bezirke eingeteilt.

Wegen ihrer insularen Lage auf der brackigen Lagune benötigte die Stadt umfangreiche Anlagen zur Frischwasserversorgung: Zwei Aquädukte von 5 Kilometern Länge wurden gebaut. Durch seine Gartenanlagen war Tenochtitlán eine grüne Stadt. Jedes Haus umfaßte einen mit Bäumen bepflanzten Innenhof.

So mußte die Hauptstadt der Azteken mit ihren zahllosen Flachdach-Wohnhäusern mit den kalkweißen Mauern, den Grünanlagen und Kanälen, mit den hohen Pyramiden und den aufgetürmten Tempeln, mit den Deichen – auf denen acht Spanier in einer Reihe reiten konnten – und mit seinen Aquädukten einen ebenso malerischen wie imposanten Anblick bieten. Die genaue und gründliche Planung dieser Stadtanlage machte sie zu einem Meisterwerk des präkolumbischen Mexiko. Und diese musterhafte Stadt zerstörten die Konquistadoren von Grund auf. Die Ankunft des weißen Mannes hat die aztekische Kultur buchstäblich in ihrer vollen Blüte vernichtet.

Fast unwahrscheinlich klingt es, daß sich später in Südamerika mit der Landung Pizarros genau dasselbe ereignen sollte. Hier war es ein Reich auf dem Gipfel der Macht – das Inkareich –, das die Spanier tödlich trafen.

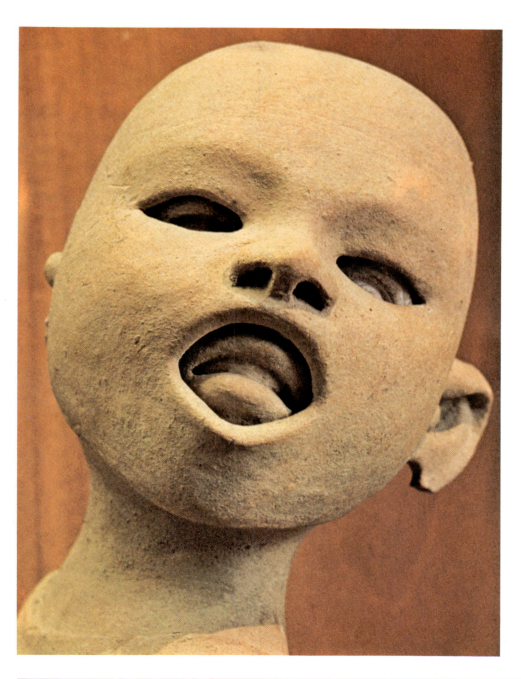

Gemäß einem schon vor der Aztekenzeit üblichen Brauch, der auf die Totonaken zurückgeht, bekleidet sich der Gott Xipe mit der Haut eines ihm geweihten und gehäuteten Menschenopfers.

Ganz unten:

Das letzte Heiligtum, in dem die blutigen Menschenopfer zu Ehren der Aztekengötter noch vollzogen wurden, war der in den Bergen um Toluca verborgene Felsentempel von Malinalco. Über das in den Felsen gehauene Heiligtum haben die Archäologen ein Strohdach gebaut, wodurch das ursprüngliche Aussehen wiederhergestellt ist.

Innenansicht des Felsentempels von Malinalco. Dieser Tempel war dem Kult von Adler und Jaguar geweiht, den Emblemen der aztekischen Kriegerorden.

Kapitel VII
Peru vor den Inka

Ganz unten:
In der großartigen Landschaft der Kordilleren, am Fuße dieses 6000 Meter hohen Gipfels, dessen Gletscher den Marañon, einen Nebenfluß des Amazonas, speisen, ist die Kultur von Chavín aufgeblüht.

Dieses Monster, halb Mensch, halb Jaguar, das wie ein riesiger Nagel in die Mauer der Pyramide von Chavín hineingeschlagen zu sein scheint, bewacht den ältesten Steintempel im präkolumbischen Peru.

Als das Inkareich, das damals mächtigste Indianerreich Südamerikas, im Jahre 1536 von einer Handvoll Spanier unter Führung Pizarros zusammenbrach, verschwand es von der Erdoberfläche. Die spanische Provinz, zu der Peru damals wurde, umfaßte auch das heutige Bolivien. Diese ursprünglichen Grenzen meinen wir, wenn wir hier von Peru sprechen: Ein Gebiet, das sich vom Äquator bis zur chilenischen Grenze erstreckte, über fast 2500 Kilometer Pazifikküste, ein Land, das von Norden nach Süden vollständig von der gewaltigen Gebirgskette der Anden durchzogen wird, die sich in verschiedene Kordilleren unterteilt und in Gipfeln mit oft mehr als 6000 Metern Höhe kulminiert, zwischen denen die Hochplateaus im allgemeinen gegen 4000 Meter Höhe erreichen. Nach Osten fällt die gebirgslandschaft plötzlich zu den großen Urwäldern des Amazonas ab, die für die präkolumbischen Völker niemals Siedlungsland waren.

Chavín de Huantar: Die mit regelmäßigen Steinen in wechselnden Lagen aufgebaute Pyramide, die den Doppeltempel der Gottheiten Kondor und Jaguar trug, wurde um 500 vor unserer Zeitrechnung errichtet.

Von vornherein sei bemerkt, daß unsere Kenntnis der südamerikanischen Kulturen fragmentarisch ist. Sie enthält noch zahlreiche Lücken. Die Chronologie ist bei weitem nicht gesichert, es fehlen noch wissenschaftliche Ausgrabungsergebnisse in ausreichendem Umfang. Der Reichtum der archäologischen Ausgrabungsstätten hat zu oft die *haqueros,* die heimlichen Plünderer, angezogen, außerdem sind die Museen und Privatsammlungen in der ganzen Welt vollgefüllt mit Werken, deren Herkunft und Schichtenbeschreibung unbekannt bleiben.

Auf den Hochplateaus und in den wenigen Tälern, die von den Anden zur Pazifikküste hinabführen, siedelten sich um 2500 v.Chr. die ersten bäuerlichen Gemeinschaften an und schufen wahre Oasen im Sand der weiten Wüsten an der Küste, die zu den trockensten der Welt gehören. Mais wurde bereits um 1500 v.Chr. angebaut. Gleichzeitig entwickelten sich auch Töpferei und Weberei.

Als aber das Zeitalter der großen Kulturen erschien, brachten die verschiedenen, durch Wüsten und Bergrücken völlig isolierten Siedlungsgebiete dieses unermeßlichen Landes ganz unterschiedliche Kulturen hervor, die im Laufe von mehr als zwei Jahrtausenden aufeinander folgten. Zur Vereinfachung unserer Darstellung erscheint es nützlich, diese Entwicklung in zwei Zonen zu unterteilen: in die nördliche und in die südliche. Denn vor dem Inkareich vermochte sich nur selten eine einheitliche Kultur über die ganze peruanische Region auszubreiten.

Der vermenschlichte Jaguar mit Schlangenhaaren, eine schreckenerregende Gottheit, die in Chavín verehrt wurde.

Die Chavín-Kultur

Ähnlich wie in Mexiko die olmekische Kultur, blühte auch in Peru die erste wirkliche Kultur ganz plötzlich auf. Das geschah zwischen 850 und 500 vor unserer Zeitrechnung, und zwar sowohl im nördlichen und mittleren

Küstenbereich wie in den Gebirgen des Nordens. Der wichtigste Ort, für den Steinarchitektur und ein neuer Kunststil gesichert sind, ist Chavín de Huantar, in einem Hochland nahe den Quellen des Marañon, eines Nebenflusses des Amazonas.

Der Ort, zu dem man durch die Siedlung Huaraz im Callejon de Huaylas gelangt, die kürzlich durch ein Erdbeben zerstört wurde, liegt im Herzen der Anden in einer kesselförmigen, gletscherreichen Gebirgslandschaft. Chavín scheint Mittelpunkt eines Jaguarkults gewesen zu sein. Auf der Sohle eines engen Tales erkennt man verschiedene Bauten, die rechtwinklig um einen Hof von 50 Metern Seitenlänge errichtet sind. Zu dieser Gruppe gehört eine „Castillo" genannte Plattform von 72 mal 70 Metern und 13 Metern Höhe, auf der zwei stark zerstörte Bauwerke stehen.

Die Plattform in schönem Mauerwerk aus horizontalen Lagen mit Schichten wechselnder Höhe ist in gleichen Abständen mit seltsamen Reliefköpfen dekoriert, die eine Mischung aus Mensch und Jaguar darstellen. Ein Portal, vor dem zwei Säulenpaare stehen, gewährt auf der Südseite Zugang zu zwei Treppen, die zu dem Doppelheiligtum nach oben führen.

Ein ausgedehntes Netz von schmalen Gängen, die sich über mehrere Geschosse im Innern des Baukörpers verzweigen, bildet ein System unterirdischer Korridore mit Gewölben aus beidseitig vorkragenden Steinplatten. In der Mitte einer Kreuzung der Hauptgänge steht eine eigenartige, 4,5 Meter hohe Skulptur, der „Lanzon". Es ist ein monolithisches Standbild des schrecklichen Mensch-Jaguar-Gottes, dessen verborgenes Heiligtum hier gewesen zu sein scheint.

Der Kunststil von Chavín, der sich in der Mitte des ersten Jahrtausends vor unserer Zeitrechnung über einen großen Teil des präkolumbischen Peru ausbreitete, ist gekennzeichnet durch seine äußerste Stilisierung. Damit ist keinesfalls eine „primitive" Kunstform gemeint, vielmehr ein höchst vollendeter Kunststil als Ergebnis einer langen Entwicklung, deren Anfänge sich verlieren. Vielleicht entstanden auf den ersten Stufen Werke aus Holz, die sich nicht erhalten haben. Die Skulpturen von Chavín de Huantar wären dann lediglich Nachbildungen der Holzarbeiten in Stein (Petrifikation), in

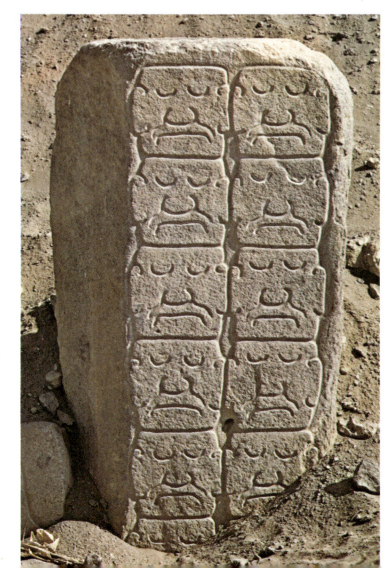

Die gewaltige Luftziegelmasse der Sonnenpyramide von Moche. Diese Pyramide beherrschte die Hauptstadt der Mochica am Rande der Küstenebene, die durch Bewässerung fruchtbar gemacht worden war.

Gegenüber, oben:
Stilisierte Statue im Stil von Huaraz.

Gegenüber, unten:
Zwei skulptierte Stelen aus der Region von Cerro Sechín, die gleichzeitig mit Chavín, jedoch an der Pazifikküste, aufblühte. Die in die rechte Stele eingeschnittenen zwölf Köpfe stellen vielleicht die Schädel ritueller Menschenopfer dar.

Die Gefäße aus Moche offenbaren eine ursprüngliche Kunst: Mit einer Steigbügeltülle versehen, scheint dieser mit Poncho und spitzer Mütze bekleidete Panflötenspieler seine Lamas zu hüten (Lima, Museum).

Die außerordentliche Verschiedenheit im Ausdruck, die die Mochica-Gefäße zeigen, reicht vom schrecklichen Todesgrinsen bis zur freundlich-heiteren Miene des reichen Kaufmanns, von träumerischer Traurigkeit bis zur krampfhaften Anstrengung des Panflötenspielers. Diese figürliche Keramik erinnert an gleichartige Ausdrucksformen in den Kulturen des westlichen Mexiko (Lima, Museum).

nicht faulendem Material, ausgeführt in der letzten Phase der Chavín-Kultur.

An der Pazifikküste, fernab von den hohen Bergen, finden sich auch im Gebiet Cerro Sechín, im Casmatal, skulptierte Stelen. Ihr Stil ist nur weitläufig mit dem Chavín-Stil verwandt, könnte aber gleichzeitig sein. Hier sieht man sehr naturalistisch eingemeißelte Figuren, die viel eher an die „Danzantes" von Monte Albán in Mexiko erinnern. Diese Flachreliefs waren Anlaß zu Spekulationen über mögliche Einflüsse Mittelamerikas auf die Kunst Perus.

Im Tal von Huaraz, nahe Chavín, hat eine etwas spätere und noch wenig erforschte Kultur sonderbare Skulpturen in Eiform hinterlassen: stark stilisierte menschliche Figuren in Hockstellung, die vielleicht Tote darstellen. Dort entdeckte man auch Grabmäler, deren Trockenbauweise an die prähistorische Technik der Nuragen auf Sardinien oder der Bories in der Provence erinnert.

Diese Ausdrucksformen, die seltsam erscheinen, aber fast ein Jahrtausend lang gültig blieben, spiegeln die Isolierung jeder Region oder jedes Tales dieses Landes wider. Trotzdem fanden sie zu einer gewissen Stileinheit in der Töpfereikunst. Das gilt insbesondere für die Form der Steigbügelkrüge, die

In der Küstenebene am Fuße der Andenausläufer gelegen, war Chan Chan um das Jahr 1000 die große Hauptstadt des Chimú-Königreichs. Vollständig aus Luft- und Lehmziegeln erbaut, sind nur noch durch Verwitterung zerstörte Mauern übriggeblieben.

In einigen Bezirken von Chan Chan haben die Archäologen begonnen, mit Dekorationen geschmückte Mauerpartien zu restaurieren.

sich von Chavín bis Moche, von Nazca bis Chimú fanden, also über zwei Jahrtausende lang gefertigt wurden.

Das klassische Zeitalter der Mochica

Im alten Peru zählte die Töpferei zu den vornehmsten künstlerischen Ausdrucksmitteln unserer Zeitrechnung. In der Moche-Kultur, deren klassische Epoche sich vom 2. bis 8. Jahrhundert erstreckte, sieht man einen naturalistischen Kunststil aufkommen, der sehr verschieden ist vom vielfältig hieratischen Stil von Chavín. Volksnahe Themen wurden bevorzugt: Porträts, Tagesereignisse, Karikaturen, erotische Szenen. Das alles wurde oft humorvoll in vielfarbigen Gefäßen von bewunderungswürdiger Vollendung ausgeführt, die zu wirklichen kleinen Skulpturen werden. Die Töpferkunst der Mochica, die, wie wir wissen, die Töpferscheibe nicht kannten, bediente sich oft des Formenabdrucks; Details wurden in der noch weichen Knetmasse nachgearbeitet.

Die Mochica schufen an der Nordküste Perus eine Hochkultur, die sich auf eine intensive Bewässerung gründete. Sie haben bedeutende hydraulische Anlagen geschaffen, die uns mit Bewunderung erfüllen. Zu erwähnen

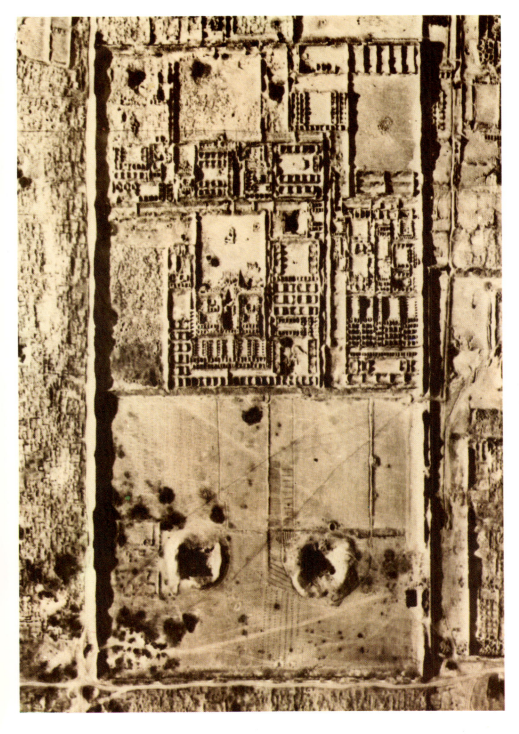

Vom Flugzeug aus gesehen, enthüllt die Hauptstadt der Chimú ihren streng geometrischen Stadtplan. Sie besteht aus zehn rechteckigen, von Mauern umgebenen Stadtteilen. Dieser von den Forschern „Labyrinth" genannte Teil der Stadt umfaßt zwei unterschiedliche Bereiche: In dem einen befinden sich Wohnungen und Vorratshäuser in streng rechtwinkliger Anordnung, der andere besteht aus einem großen freien Platz, den zwei Pyramiden aus Luftziegeln beherrschen, die heute durch Schatzgräber stark zerstört sind. Die Umfassungsmauer ist 530 Meter lang und 265 Meter breit.

sind Kanäle von mehr als 130 Kilometern Länge, die das Wasser aus den Bergen in die Küstenebene führten, um dort eine blühende Landwirtschaft zu ermöglichen. Diese Kanalisation mit ihren Äquädukten in Form von Ziegelsteindämmen überquerte Schluchten von fast 20 Metern Tiefe über fast 1500 Meter Länge. Sie zählen zu den großen Leistungen der Landveredlung in Peru und blieben manchmal bis ins 20. Jahrhundert in Betrieb.

Auch glänzende Architekten waren die Mochica. Sie schufen imposante Bauwerke, allen voran die große Sonnenpyramide von Moche. Diese auf einer 20 Meter hohen Plattform von 250 mal 150 Metern erbaute Pyramide, genannt „Huaca del Sol", weil dieser Ort von den Inka der Sonne geweiht war, hat quadratischen Grundriß. Die Seitenlänge mißt 110, die Höhe 25 Meter. Für die gesamte Anlage wurden mehr als 1 Million Kubikmeter Luftziegel benötigt, einen großen Teil davon hat der Moche-Fluß ausgewaschen.

Quellen aus dem frühen 17. Jahrhundert zufolge haben die Spanier, die die Nekropole von Moche ausgruben, einen wahren Schatz an Goldschmiedearbeiten gefunden. Seit Beginn der klassischen Zeit waren Goldverarbeitungstechniken hochentwickelt: Metallguß mit verlorener Form, Drahtziehen, Hämmern, Treiben, Ziselieren und sogar Löten ermöglichten den Mochica, Stücke von hoher Qualität sowohl für den Kultgebrauch als auch für die feierliche Bestattung hoher Würdenträger anzufertigen.

Die phantastische Hauptstadt der Chimú

Nicht weit von Moche liegt an der Küste eine riesige Stadt mit Namen Chan Chan. Die beträchtlichen Ausmaße von mehr als 28 Quadratkilometern und der ungewöhnliche Stadtplan mit einer Reihe ummauerter Bezirke oder „Paläste", die Rechtecke von bis zu 530 mal 265 Metern bildeten, machten die Hauptstadt der Chimú zur bedeutendsten präkolumbischen Metropole Südamerikas.

Die Ausbreitung der Chimú setzte um das 12. Jh. ein und ging jener der Inka voraus. Man sieht in ihnen übrigens die Vorbilder, von denen später das letzte Reich sich inspirieren ließ, das bis zur Ankunft des weißen Mannes über Peru herrschte. Nach Berichten aus der Zeit kurz nach der spanischen Eroberung scheinen die Chimú von Norden her in Balsaholzflößen über das Meer gekommen zu sein. Sie verfügten über eine mächtige soziale wie militärische Organisation. Um der Konföderation der Stadtstaaten, die sie nach dem Vorbild des 500 Jahre zuvor durch die Mochica entwickelten Systems gründeten, den nötigen Zusammenhalt zu geben, legten sie ein Straßennetz an, das besonders den Staatskurieren diente.

Zwei Feder-Halter aus getriebenem Gold, Fundort Ica, von vorn und von der Seite (Genf, Völkerkunde-Museum).

Ganz oben:
Das Gold von Peru hat die Konquistadoren buchstäblich fasziniert. Dieser in Ica gefundene Armschmuck in getriebenem Gold ist von großer Schlichtheit (Genf, Völkerkunde-Museum).

Chimú-Totenmaske, getriebenes Gold (Genf, Völkerkunde-Museum).

Ganz oben:
Große Chimú-Totenmaske in getriebenem Gold, eine sehr stilisierte Arbeit (Genf, Völkerkunde-Museum).

Oben, links:
Lama-Figurine in massivem Gold aus der Inkazeit. Höhe 5 Zentimeter (Genf, Völkerkunde-Museum).

Oben, rechts:
Haarzange aus dem Chimú-Kulturkreis. Peru, prä-inkaisch (Genf, Völkerkunde-Museum).

Figurinen von Mann und Frau aus der Inkazeit. Goldguß (Genf, Völkerkunde-Museum).

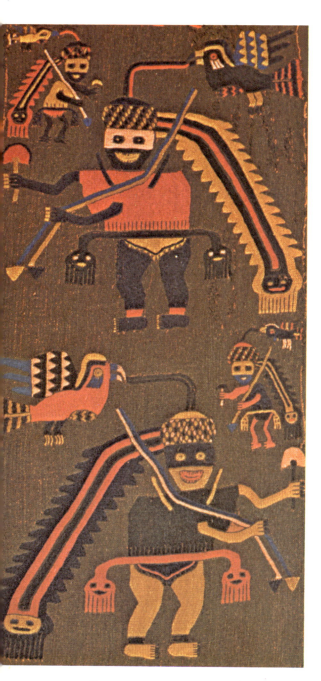

Gewebe aus Paracas: Speerträger, deren Kopfbedeckung in ein schlangenförmiges Wesen ausläuft. Papageien und kleine Bildnisse sind neben den Köpfen der Hauptfiguren eingestickt (Bern, Stiftung Abegg).

Oben, rechts:
Gewebefragment im Chimú-Stil mit stark stilisierter menschlicher Figur (Bern, Stiftung Abegg).

Gegenüber, oben links:
Poncho aus Federn, Chimú-Stil. Nur ganz wenige solcher Federmosaiken sind unversehrt erhalten geblieben. Sie kommen immer aus den Wüstenregionen an der Küste (Bern, Stiftung Abegg).

Gewebe aus Paracas mit einer menschlichen Figur, die einen abgeschlagenen Kopf und einen Speer trägt (Bern, Stiftung Abegg).

Fragment eines Chimú-Gewebes mit der Darstellung von zwei Störchen in ihrem Nest (Bern, Stiftung Abegg).

Unten, links:
   Gewebeband im Nazca-Stil: mit Speeren bewaffnete Krieger (Bern, Stiftung Abegg).

Unten, Mitte:
   Gewebefragment aus Paracas: frei fallender Mensch (Bern, Stiftung Abegg).

Unten, rechts:
   Gewebefragment aus Paracas: nach einem Fisch tauchender Vogel (Bern, Stiftung Abegg).

Die Chimú, Erben der Moche-Kultur, haben sich durch großartige Leistungen in der Metallverarbeitung ausgezeichnet. Wahrscheinlich begründeten sie eine regelrechte industrielle Produktion. Sowohl hinsichtlich der Qualität und Quantität wie auch der oft beträchtlichen Ausmaße der einzelnen Stücke entstanden ganz außergewöhnliche Glanzleistungen: riesige Gold- und Silbergefäße, die, wie die Chronisten der Konquistadoren berichten, einen ganzen gevierteilten Ochsen faßten, Opfertische, Paneele und Tempeltore von mehreren Quadratmetern aus einem Stück. Vor allem die Kunst der Chimú mit ihren Totenmasken, Opfermessern, Kleinodien, Brustschilden und Architekturelementen hat den Mythus vom Gold Perus entstehen lassen, von diesem Eldorado, das die Spanier so sehr faszinierte.

In der Stadtplanung von Chan Chan drückt sich die straffe Organisation der Chimú-Gesellschaft aus. Die ummauerten Bezirke der Stadt an der

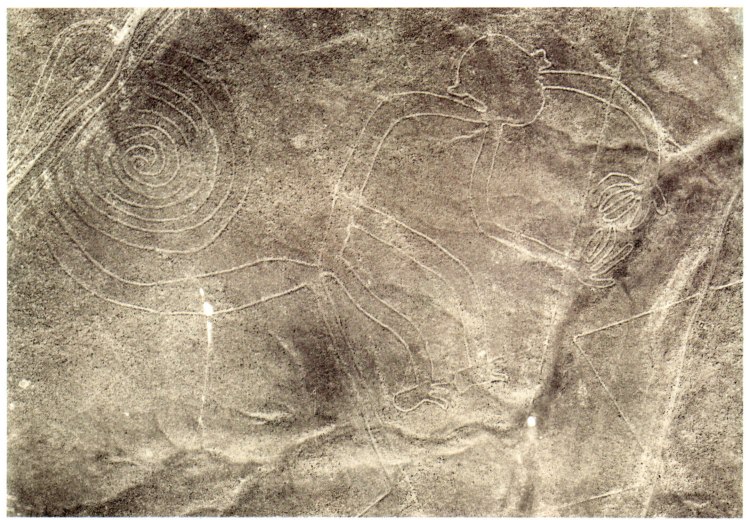

Eines der größten Geheimnisse der präkolumbischen Welt in Peru sind noch immer die riesigen Figuren, welche die Nazca in der Wüste geschaffen haben. Dieser seltsame Affe von einigen Dutzend Metern ist in einem einzigen Linienzug in den Boden gefurcht.

Ganz oben:
Gefäß in Nazca-Keramik. Die sorgfältig gearbeitete und polierte Keramik der Nazca ist in der Form weit nüchterner als die Töpferei der Mochica. Charakteristische Merkmale sind ihre lebendige Farbigkeit und ihre sachlichen Dessins (Privatsammlung).

Gegenüber:
Der große, von den Nazca gezeichnete Kondor hat 120 Meter Flügelspannweite.

Meeresküste mit je etwa 10 Hektar Fläche mußten die verschiedenen Klassen und Berufsgruppen der Bevölkerung beherbergen, die auf diese Weise voneinander getrennt waren. Zwei- oder dreifache Lehmziegelmauern bis zu 10 Metern Höhe umschlossen diese aneinanderstoßenden Ministädte. In jeder einzelnen befanden sich Lagerhäuser, Werkstätten, Wohnanlagen, Wasserreservoire und eine Pyramide im Kultbezirk. Der Stadtplan basierte auf einer streng regelmäßigen Grundeinteilung mit rechteckigen Stadtbezirken.

Während diese Chimú-Gesellschaft sich entwickelte, die uns bis nah an die Inka-Zeit heranführt, entstanden auch im südlichen Peru Kulturen, bei deren Aufhellung die archäologische Forschung erhebliche Erfolge erzielte.

Die prächtigen Gewebe von Paracas

Dem extrem trockenen Klima der Pazifikküste von Peru – besonders im südlichen Teil – verdanken wir die Erhaltung der wundervollen Leichen-

tücher, in denen die Toten von Paracas bestattet wurden. Auf dieser sturmgepeitschten Sandhalbinsel entdeckten Archäologen unter Führung desselben Julio Tello, der auch Chavín ausgegraben hatte, eine Menge Gräber. Sie scheinen zwischen 350 v. Chr. und 250 n. Chr. angelegt worden zu sein.

Diese Grabstätten enthielten – dank der trockenen Luft – so gut erhaltene Gewebe, daß sie wie neu erscheinen, obwohl sie über 2000 Jahre alt sind. Sie bedeckten mumifizierte Personen in Hockstellung, die pietätvoll in diese kostbaren, oft mehr als 2,5 Meter langen und 1,5 Meter breiten Totenkleider eingehüllt waren.

Die Gewebe von Paracas, deren leuchtende Farbigkeit nichts von ihrer ursprünglichen Lebendigkeit eingebüßt hat – wo Weinrot, Ziegelrot, Orange und Ocker dominieren –, weisen verschiedene Webtechniken zur Herstellung der äußerst kunstvollen Dekors auf: Teppichwirkerei, Stickerei und eigentliche Weberei. Das Ergebnis ist eine zugleich stilisierte wie in gewisser Weise naturalistische Ornamentik, die aber immer strengen Farbkonventionen folgt. Menschliche Figuren, Götter, mythische Tiere wie Jaguar und Federschlange sind auf einfarbigem oder schachbrettgemustertem Untergrund dargestellt. Diese brillante Webtechnik setzt sich in den peruanischen Kulturen von Nazca und Chimú bis ins Inkareich fort.

Nazca: Erdzeichen in der Wüste

Ein von der Töpferkunst der Mochica erheblich verschiedener Keramikstil kam südlich von Paracas in der Nazca-Kultur (350 - 850 unserer Zeitrechnung) auf. Ihre Arbeiten aus feiner Tonware präsentieren sich in blühender Farbigkeit. Plastisch sind die Nazca-Keramiken weniger kunstvoll ausgearbeitet als die von Moche. Ihr Farbenreichtum jedoch, in dem Mauve- und Violettöne neben Granatrot, ferner Ocker- und Gelbtöne bevorzugt sind, ist zumeist noch gehöht durch schwarze oder weiße Konturierung von außerordentlicher Exaktheit. Die geometrische Stilisierung und die sparsame Verwendung der Mittel erreichen hier die strenge und gleichzeitig elegante Ausdrucksform eines klassischen Stils.

Dieselben Einwohner von Nazca am Rande der Küstenwüste südlich von Peru sind die Schöpfer seltsamer linearer Gebilde in der trockenen Region zwischen den Ausläufern der Kordilleren und einer Hügelreihe, die die Ebene vor den Sandstürmen von der Küste her schützten. Riesige Figuren, deren Umrisse in das harte Erdreich gegraben wurden, verteilen sich über ein Gebiet von fast 70 Kilometern Länge. Diese Figuren bestehen bald aus geraden langgestreckten Linien, die sich über Hügel und Täler hinziehen, bald aus stilisierten Darstellungen von Vögeln, Affen, Fischen, Blumen usw.

Diese oft ein paar Dutzend Meter langen Gebilde sind zumeist vom Erdboden aus nicht zu sehen. Sie wurden weitgehend durch Luftaufnahmen ent-

Skulptierte Stele von Tiahuanaco, eine Darstellung des Schöpfergottes Viracocha (La Paz). Ein äußerst stilisierender Kunststil charakterisiert die Blütezeit von Tiahuanaco auf dem Hochplateau zwischen 600 und 1200 n. Chr.

Bis auf unsere Tage lebt ein indianischer Volksstamm noch wie einstmals an den Ufern des Titicacasees: der Stamm der Urus. Diese Indianer sind Fischer, die auf Schilfinseln leben, in Schilfhütten wohnen, in Schilfbarken auf den See hinausfahren und Fische mit Schilfschlingen fangen. Kurz: eine primitive Schilfkultur.

den steinigen Boden gezogenen Furchen durch 15 Jahrhunderte fast unversehrt geblieben.

Welchem Zweck dienten diese Riesenzeichnungen in der Wüste? Wie wurden sie angelegt, da sie vom Boden aus nicht sichtbar sind? Alle Fragen dieser Art bringen die Archäologen in Verlegenheit. Vielleicht dienten die strengen geraden Linien dazu, astronomische Beobachtungspunkte und Visierlinien festzulegen. Die Figuren könnten dabei als Richtpunkte gedient haben, die die Visierlinien zu bestimmten Sternbildern in Beziehung setzten, die zur Berechnung des astronomischen Kalenders benötigt wurden. Vielleicht wurden die geraden Linien mit Hilfe eines am Boden gespannten Seiles angelegt, während für die Anlage der Figuren möglicherweise riesige Papierdrachen benutzt wurden, die einen Menschen in die Luft tragen konnten. Wie dem auch sei, die Technik dieser Riesenzeichnungen – der Kondor z.B. hat 120 Meter Flügelspannweite – wurde souverän beherrscht: Die Figur be-

Ruinen der alten Stadt Tiahuanaco: Reihen merkwürdig behauener Monolithe.

Rechts:
Diese Stele aus Tiahuanaco zeigt den Schöpfergott Viracocha (La Paz).

Ganz rechts:
Schema der Skulptur des Gottes Viracocha auf dem Sonnentor von Tiahuanaco.

Detail eines Grabturms (oder Chullpa) bei Sillustani: ein großartiges Mauerwerk aus regelmäßig behauenen und präzise gefügten Quadern.

Zwischen dem Niedergang von Tiahuanaco im 12. Jahrhundert und dem Beginn der Ausbreitung der Inka im 15. Jahrhundert wird die Hochlandkultur eingeordnet, die die Chullpa schuf. Diese aus behauenen Quadern erbauten Grabtürme stehen in großer Zahl im Gebiet von Sillustani in der Titicacasee-Region.

steht aus einem einzigen ununterbrochenen Linienzug von der Präzision einer Geometerarbeit.

Sollten diese Figuren von Nazca vielleicht von den Göttern gesehen werden? – Um das Rätsel dieser Erdzeichen zu lösen, wird noch immer viel Tinte verschrieben, und es gibt phantasievolle Schriftsteller, die in ihnen „Landepisten für interplanetarische Raumschiffe" sehen...

Tiahuanaco, Heiligtum im Hochland

Zwischen 600 und 1200 n.Chr. blühte im Hochland (Altiplano) südlich von Peru (im heutigen Bolivien) um den Titacacasee in 4000 Metern Höhe eine bedeutende Kultur, deren Zeremonialzentrum der Tempel von Tiahuanaco war. Nachdem Tiahuanaco die benachbarten Reiche unterworfen hatte, regierte es – vor dem Auftreten der Inka – über einen großen Teil des Landes. Gerade diese Hochlandkultur hat – weshalb, weiß man nicht – die absurdesten Interpretationen gewisser Sensationsmacher hervorgerufen: Man verlegt ihre Anfänge in legendäre Zeiten, Hunderttausende (!) von Jahren zurück, oder läßt sie das Opfer einer gigantischen Überschwemmung unter den riesigen Wogen einer apokalyptischen Springflut werden.

In der Architektur von Tiahuanaco finden wir die charakteristischen Merkmale der früheren Monumentalarchitektur Perus, der von Chavín, wieder. In der Tat baut sie im wesentlichen mit behauenen Steinen, und der Dekor der Flachreliefs ähnelt in den Themen und im Stil den Werken des Castillo in Chavín. Dieselbe strenge Symbolisierung mittels einer scharf umrissenen symmetrischen Zeichnung. Dieselbe Allgegenwart mythischer Tiere, wie Schlangen, Jaguare, Kondore. Die ästhetische Verwandtschaft ist so offensichtlich, daß man trotz der großen Entfernung der beiden Orte (1300 Kilometer) und des zeitlichen Abstands zwischen dem Niedergang von Chavín (1.Jh. n.Chr.) und dem Aufstieg von Tiahuanaco (um 250 n.Chr.) eine kulturelle Brücke annehmen muß, die noch nicht wiederentdeckt wurde.

In Tiahuanaco selbst existieren noch mehrere Architekturkomplexe mit großen monolithischen Toren, die jedoch stark zerstört sind. Denn das alte

Der Sillustani-See in 4000 Metern Höhe gehört zu den schönsten Landschaften Hochperus.

Zeremonialzentrum diente jahrhundertelang als Steinbruch für den Aufbau von La Paz. Außer dem berühmten Sonnentor erinnert ein zweiter Hof an die dekorative Technik von Chavín: Steinköpfe treten – wie dort – aus den Mauern hervor, und die Portale bestehen aus mächtigen Steinplatten. Säulenförmige Statuen, die an die Atlanten in Tula, Mexiko, erinnern, zählen mit sieben Metern Höhe unter die größten monolithischen Skulpturen Südamerikas.

In derselben Hochplateauregion sind den Nachfolgern der Bevölkerung von Tiahuanaco (die die Verbindung zu den Inka herstellen) die Chullpa genannten Bauwerke zuzuschreiben. Diese runden Grabtürme stehen am Ufer des wunderbaren Sillustani-Sees, nordwestlich des Titicacasees. Diese meisterlich gemauerten Grabstätten dürften aus dem 13.–14. Jahrhundert stammen.

Schließlich wurde in der südlichen Küstenregion der Übergang von Tiahuanaco zu den Inka durch das Königreich Chincha im Inca-Tal vollzogen. Die in der Webe- wie in der Goldschmiedekunst so hochstehende Kultur ging 1476 im Inkareich auf.

Kapitel VIII
Das kollektivistische Inkareich

Wie in Mexiko die Azteken, gab auch in Peru ein Volk von Kriegern den Anstoß zur Entwicklung der letzten indianischen Kultur vor der spanischen Eroberung, ein Volk, dessen Heimat das Hochplateau war und das sich durch seine Härte und Tapferkeit ein gewaltiges Reich eroberte. Dieses Volk sind die Inka, die die Region zwischen Titicacasee und Huari verließen und sich um 1200 n.Chr. in der Ebene von Cuzco ansiedelten, wo sie ihre Hauptstadt gründeten.

Die Eroberungskriege

Die Inka benötigten zwei Jahrhunderte ununterbrochener Kriege, um sich einen Platz an der Sonne zu schaffen. Ihre Eroberungspolitik außerhalb des Hochplateaus fand erst 1438 unter dem großen Inka Pachacuti ihr Ende. Sie dehnten ihre Besitzungen sowohl nach Norden, bis zum Äquator, wie nach Süden, bis Chile, aus. Begünstigt durch die geographische Lage – sie beherrschten das Bergland – griffen sie ein Siedlungsgebiet an der Küste nach dem anderen an. Zweifellos waren diese viel höher entwickelt und lebten in größerem Wohlstand, doch waren sie auch sehr verwundbar. Grundlage ihres Reichtums war der Ackerbau, der völlig von ihrem Bewässerungssystem abhängig war. Die Inka, die die Hochtäler beherrschten, brauchten ihnen nur das Wasser abzusperren, das sie in künstlichen Kanälen umleiteten, die sie mit enormem Arbeitsaufwand gebaut hatten. Dann fielen ihnen die Küstenkönigreiche wie reife Früchte in den Schoß.

Durch eine schlaue Politik aus Angriffskriegen, Einschüchterung und Überredung sicherten sich die Inka den Besitz des mächtigen Königreichs der Chimú um 1450. Der Einfluß der Inka auf die Chimú sollte beträchtlich werden. Sie vermittelten ihnen nicht allein ihre städtische Organisation, sondern auch ihre Technologie, insbesondere auf dem Gebiet der Metallverarbeitung. In der Anwendung einer regelmäßig geübten Praxis zur Sicherung ihrer Eroberungen deportierten die Inka die Einwohner von Chan Chan ins Hochland.

Dank dieser brutalen, aber wirksamen Methoden wurde das Reich der Inka bald zum größten Imperium der Neuen Welt. Das Gebiet, das Tupac Yupanqui am Ende des 15. Jahrhunderts beherrschte, war doppelt so groß wie

Eine Straße in Cuzco mit ihren Mauern aus sorgfältig verfugten Steinblöcken. Sie stammen aus der Zeit, da Cuzco die Hauptstadt des Inkareichs war. Nach der Eroberung haben die Spanier barocke Toreingänge in dem strengen Mauerwerk angebracht, und durch Aufbauten Erhöhungen vorgenommen.

Megalithische Festung von Ollantaitamba: Zwischen den großen, behauenen Steinblöcken wurden kleine Steine genau eingepaßt, die es ermöglichten, feste Fugenschlüsse zu erreichen, ohne die enormen Steinblöcke verrücken zu müssen.

deckt. Da es hier fast nie regnet, sind diese vergänglichen Gebilde aus in Frankreich und erstreckte sich über 4000 Kilometer entlang der Pazifikküste (von Quito bis Talca, südlich von Santiago).

Die Organisation des Reiches

Dieses gewaltige Reich regierte der allmächtige Inka, Alleinherrscher von göttlicher Herkunft: Seine Ahnen waren Sonne und Mond. Auch er wurde wie ein wahrer Gott verehrt und vereinte in absolutistischer Weise alle Macht auf sich. Er war Hoherpriester und Staatsoberhaupt. Seine Familienmitglieder waren insoweit Hoheitsträger, als er ihnen einen Teil der Macht übertrug. Mit der Ausdehnung des Reiches mußte man „Adlige" entsprechend ihren Fähigkeiten zu Staatsbeamten ernennen. Sie erreichten aber nie die Würde der Familienmitglieder des Inka.

Lediglich diese Elite besaß eine gewisse Handlungs-, Bewegungs- und Entscheidungsfreiheit und konnte Grundbesitz erwerben. Die gesamte Bevölkerung des Reiches von etwa 7 Millionen Menschen war in Altersklassen eingeteilt und in Zahlengruppen von 10, 50, 100, 1000 und 10 000 Personen.

Im Tal des Rimac, nahe Lima, wurde ein großes Inka-Landhaus aus gestampfter Erde und Luftziegeln vollständig wiederhergestellt. Seine sehr modern anmutende Raumplanung im Innern einer stark befestigten Stadtmauer stempelt es zu einem Beispiel einer präkolumbischen Hazienda.

Detail des erzählenden Dekors eines Holzgefäßes (kero) vom Ende der Inka-Zeit oder vom Anfang der Eroberung durch die Spanier (Lima, Museum).

Teilansicht der dreifachen Festungsmauer von Sacsahuaman oberhalb von Cuzco. Diese Festung ist ein Meisterwerk megalithischer Baukunst zur Inka-Zeit und wurde gegen Ende des 15. Jahrhunderts erbaut. Sie ist über einen halben Kilometer lang.

Das geschah, um die Untertanen leichter zu den Pflichtarbeiten für den Herrscher heranziehen zu können. Denn abgesehen von der führenden Schicht war die Inka-Gesellschaft vollständig sozialisiert: Die Weiden, die Lamas und Alpakas, die Kokaplantagen und die Minen waren ebenso wie zwei Drittel des Bodens Kollektiveigentum. Ein Drittel des Ackerbodens stand dem Herrscher zu, das zweite Drittel den Tempeln, nur das dritte Drittel wurde von den Ackerbauern zum Eigengebrauch abgeerntet.

Geräumige Lager erlaubten dem Staat, Lebensmittel zu speichern, um sie später zu verteilen. So wurde erreicht, daß zur Zeit der Inka-Herrschaft Hungersnöte aus dem Leben der Indianer verschwanden. Der ganze Handel war strengen Vorschriften unterworfen.

Die Macht über diese umfangreiche Organisation lag allein in den Händen des obersten Herrschers. War dieser aber auch Gott und Hoherpriester in einer Person, so unterdrückte er doch fremde Kulte besiegter Völker nicht. Wenn seine Untertanen nur die Sonne verehrten, Inti, den großen Ahnherrn des Inka, der in den Rang der Gottheit des Reiches erhoben worden war, und neben ihm Viracocha, den Schöpfer, war ihnen auch die Verehrung der *huacas* erlaubt, d.h. der Götzenbilder, wie die Christen sie nennen. Die Menschenopfer nahmen, wie bei den Azteken in Mexiko, ein beträchtliches Ausmaß an. Wenn der Inka starb, wurden Tausende von Frauen und Dienern geopfert, um ihn in die andere Welt zu begleiten.

Das Straßennetz

Für die Überwachung dieses weitläufigen Staatsorganismus, wie ihn das Inkareich im 15. Jahrhundert darstellte, verfügte der Herrscher über ein beachtenswertes Straßensystem. Es umfaßte die aus der Zeit der Mochica-Konföderation und weiter die im Chimú-Königreich bereits vorhandenen Straßen, wurde aber durch die Inka ausgebaut und straff organisiert. Sie schufen daraus ein Instrument zur Erhaltung der Macht. Der Verlauf der Straßen war durch die Geländeformation bestimmt: Die eine folgt der Küste von Tumbez bis Chile, die andere überquert parallel zur ersten das Hochland vom Äquator bis Argentinien. Eine Reihe von Querstraßen verläuft zwischen diesen beiden Hauptstraßen und verbindet die Küstenregion mit dem Hochland. Das Straßennetz hatte eine Gesamtlänge von 15 000 Kilometern.

Im Flachland sind die Inkastraßen 8 Meter breit. In den Bergpässen können sie jedoch sehr schmal werden, und manchmal werden sie auf ausgehauenen Felsstufen weitergeführt. Die Passage der hohen Berge erfolgt durch Tunnel, die in den Felsen gehauen sind. Abgründe überqueren sie auf freitragenden Holz- oder Steinbrücken oder, wenn das nicht sicher genug ist, auf Hängebrücken, deren Tragseile aus geflochtenen Agavenfasern bestehen. Eine von ihnen war 60 Meter lang und führte bis ins 19. Jahrhundert über

Detail des eingeritzten Dekors eines Inka-Gefäßes (kero) *mit der Darstellung von Lamas.*

Ganz oben:
Eine Lamaherde macht das Ausmaß des gewaltigen polygonalen Mauerwerks von Sacsahuaman deutlich. Dieses Detail entspricht der Partie ganz rechts unten im vorhergehenden Foto.

eine Schlucht des Apurimac. Sie war 1350 erbaut worden und hatte Tragseile „so dick wie Schenkel".

Ein Straßendienst war auf diesem Straßennetz tätig, dessen Anlage durch Ingenieure auch den Bau gepflasterter Straßen durch morastiges Terrain und von Schutzmauern gegen den Wüstensand erfordert hatte. Es darf nicht übersehen werden, daß die Indianer das Rad nicht kannten und der Verkehr Angelegenheit von Fußgängern, Lasten- und Sänftenträgern sowie von Lamakarawanen war. Lamas trugen höchstens 40 Kilogramm Last. Der Straßendienst der Inka hatte die Aufgabe, durch Kuriere, die ihre Botschaften in Relaisstationen erwarteten, Befehle und Informationen zu übermitteln. Diese königlichen Läufer konnten 700 Kilometer in 4 Tagen zurücklegen. Die Relaisstationen waren gleichzeitig Herbergen und Staatsmagazine.

Wissenschaft und Technik

Die Bedeutung des Inkareiches lag nicht in Neuerungen von Grund auf – die Inka waren vor allem organisatorisch hochbegabt. Sie schufen eine sozialistische Gesellschaft mit Gemeinbesitz, in der alles dem Staat gehörte, wie alles von ihm ausging. Dieses System war nicht dazu angetan, Initiativen zu entwickeln und Erfindungen zu fördern. So besteht denn die Leistung dieser Gesellschaft in der kulturellen Verschmelzung, in die alle Beiträge früherer Kulturen einmündeten.

Auf dem Gebiet der Metallverarbeitung erweiterten die Inka lediglich den Verwendungsbereich der Bronze auf die Herstellung von Waffen und Geräten. Die von den Chimú erfundene Bronzetechnik erlebte auch später keine besondere Blüteperiode. Gold- und Silbersymbole von Sonne und Mond spielten weiterhin eine Hauptrolle in allen Geräten für den Götter- und Totenkult. So betrug auch das Lösegeld, das Pizarro für die Freigabe von Atahualpa, den großen Inka, der durch List gefangen und dann später doch noch von den Spaniern erdrosselt wurde, mehrere Kubikmeter Tafelgeschirr, Statuen und Schmuck aus reinem Silber und Gold.

Um die Abgaben, die im ganzen Land in Naturalien oder Arbeitsleistung erhoben wurden (Geld war unbekannt), zu registrieren, verfügten die Inka als einzige in Amerika über eine Art Bilanz. Sie summierten die Lagerbestände mittels eines *quipu* genannten Instruments, das aus verschiedenfarbigen Schnüren bestand. Knoten in den Schnüren an verschiedenen Stellen bedeuteten Zehner, Hunderter, Tausender – sie rechneten also im Dezimalsystem, nicht im Vigesimalsystem wie die Maya. *Quipu* war also eine Art von „Merk-Gerät" wie das Rechenbrett und diente auch zum Chiffrieren von Nachrichten. Ein Schriftsystem besaßen die Inka nicht.

In der Töpfer- und Webtechnik waren die Inka Erben der großen klassischen Kulturen. Ein Fortschritt unter ihrer Herrschaft ist jedoch nicht festzustellen. Die niederen Künste sind sogar im Verfall begriffen, selbst wenn mit dem Aufkommen eines eigenen „Inka-Stils" eine Vereinheitlichung der Form Hand in Hand ging. Holzbecher aus vielfarbig bemaltem Holz, *keros* genannt, stellten die einzige echte Neuerung dar.

Die Hauptbewaffnung der Krieger bildeten Keule und Schleuder, die der Inka selber in der Schlacht wie auf der Jagd benutzte. Die Bogenschützen kamen aus Volksstämmen am Amazonas. Schließlich trugen die Inkakrieger Brustharnische aus gepreßter Baumwolle.

Die Werke der Architektur

Die großartigste Manifestation des Organisationstalents der Inka, die jedem Reisenden in den Hochtälern Perus in die Augen springt, ist die gewaltige Gemeinschaftsarbeit, deren Ergebnis die *andenes* waren. Die *andenes* sind an den Berghängen angelegte regelmäßige Terrassen, auf denen der Ackerbau im Gebirge ermöglicht wurde. Zehntausende Kilometer von Stützmauern wurden zu diesem Zweck erbaut, selbst an den Hängen mit über 60 Grad Neigung. Sie haben die Landschaft in gigantische Treppen mit regelmäßigen Stufen verwandelt, auf denen die indianischen Bauern Mais und Gemüsepflanzen anbauten. Über riesige Entfernungen und bis in die entlegensten Täler – überall sind die Zeugen dieses großartigen Werkes gegenwärtig, durch das die Inka ihre Umwelt veränderten, um unfruchtbares Land fruchtbar zu machen. Diese aus mörtellos geschichteten Steinen erbauten Terrassen haben seit Jahrhunderten die Verwahrlosung überdauert, die eine Folge der Entvölkerung und der Abneigung gegen den Ackerbau im Gebirge war.

Im Anfang trat die Inka-Architektur das Erbe jener von Tiahuanaco an. Wie diese, errichtete sie auf dem Hochplateau und in den Bergen die Bauwerke vollständig aus behauenen Steinen, in der Ebene dagegen aus gestampfter Erde, Lehm- oder Luftziegeln.

Gegenüber, oben:
Die das Urubamba-Tal beherrschende befestigte Stadt Pisac zeigt im Vordergrund den Tempelkomplex der Oberstadt. Links ist die Unterstadt zu erkennen, die halbkreisförmig um die Klippe herum aufgebaut ist.

Gegenüber, unten:
Weibliche Silberstatuette der Inka-Epoche. Diese Figuren, die vielleicht Votivzwecken dienten, waren zumeist mit sehr lebhaft gefärbten Geweben bekleidet (Lima, Museum).

Terrassenpflanzungen in der Nähe von Pisac. Diese, an steilen Hängen angelegten andenes bedeckten zur Zeit der Inka große Gebiete in Hochperu.

Detail des großartigen Mauerwerks eines Tempels in Pisac mit den charakteristischen trapezförmigen Fenstern und den mächtigen vorkragenden Steinen, deren Zweck noch nicht mit Sicherheit festgestellt werden konnte.

Gegenüber:

Gesamtansicht von Machu Picchu, dessen erstaunlich gut erhaltene Gebäude einen Bergrücken zwischen zwei steilen Gipfeln krönen. Im Nebel scheint der einem Zuckerhut ähnelnde Huayana Picchu über die Stadt zu wachen. An seinen Seiten entlang heben sich die andenes *wie eine Treppe gegen den Himmel ab.*

Unten, rechts:

Detail des Mauerwerks eines bedeutenden Gebäudes aus Machu Picchu. Die Bestimmung eines jeden Gebäudes dieser „Geisterstadt" konnte noch nicht mit Sicherheit festgestellt werden.

Ein schönes kero-*Gefäß in polychromer Bemalung mit dem Relief eines menschlichen Gesichts. Es stammt vom Ende der Inka-Zeit (Lima, Museum).*

Erstaunlicherweise haben die Inka trotz ihres Organisationstalents ihre ersten Städte nicht nach strengen Plänen erbaut. Ihrer Hauptstadt Cuzco, deren Regierungszentrum und Tempel gänzlich aus behauenen, oft riesigen Steinen errichtet waren, liegt kein genauer geometrischer Stadtplan zugrunde. Gewiß, die Stadt ist in Quartiere unterteilt, doch sind die Straßen, die sich der Geländeformation anpassen, oft sehr gewunden.

In den Städten der Ebene dagegen, die viel später in Lehmziegeln erbaut sind, wie Viracocha Pampa, ist der Plan schachbrettartig. In einem viereckigen Raster kreuzen sich die Straßen rechtwinklig gemäß einer Stadtplanung, bei der Plätze, Lager, Wohnhäuser und Paläste nach den von den Chimú (Chan Chan) übernommenen städtebaulichen Grundzügen angeordnet sind. Dasselbe gilt für die Stadt Pikillacta, die wie Viracocha Pampa einen geräumigen Platz besitzt, und zwar im Zentrum eines von geraden Straßen mit rechtwinkligen Kreuzungen durchzogenen regelmäßigen Stadtplans.

Im übrigen findet sich diese Lehmziegel-Architektur ganz rein auch in weniger bedeutsamen Bauten, z.B. in den Inka-Landhäusern, die jüngst im Rimac-Tal bei Lima wiederhergestellt worden sind. Der Bauplan dieser großen präkolumbischen *haciendas*, die wahrscheinlich Mittelpunkt ländlicher Besitzungen waren, überrascht durch die moderne Auffassung. Er zeigt ein gut ausgewogenes Bauvolumen mit flachen Dächern, schrägen Rampen und schattigen Säulenhallen.

Die Bauwerke der Zentralregion

In Cuzco und seiner Umgebung hat die Inka-Architektur ihren Höhepunkt erreicht. Die die Stadt überragende Festung Sacsahuaman ist ganz aus zyklopischen Steinblöcken erbaut, von denen einige über 7 Meter hoch sind und 100 Tonnen wiegen. Die dreifache Schutzwehr von 540 Metern Länge bildet drei Stufen, die 19 Meter Höhe erreichen. Sie verteidigte ein „Schloß"

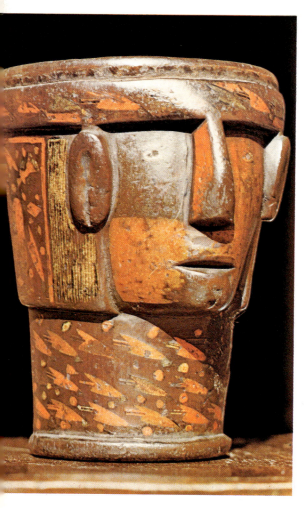

mit seinen Bewohnern, Speichern und Wasserreservoiren, die jetzt dem Erdboden gleichgemacht sind. Für diese unter Tupac Yupanqui erbaute gewaltige Festung dürften 30 000 Arbeiter erforderlich gewesen sein.

In der Stadt Ollantaitamba auf beiden Ufern des Patacaucha zeigt eine weitere, aus riesigen behauenen Steinen erbaute Festung einen bemerkenswerten Mauerverband, der ohne Mörtel einen ganz engen Fugenschluß zwischen den Steinblöcken erreicht. Das Merkmal dieser megalithischen Bauweise ist gerade die mörtellose Verbindung der Blöcke, die äußerst exakt ist. Wie der Transport dieser mächtigen Steinquader in einer schroffen Landschaft von Menschen bewerkstelligt wurde, die nicht über Hebemaschinen und Karren verfügten, ist immer noch nicht geklärt.

Eine Stadt wie Pisac, ein wahrer Adlerhorst, umgeben von *andenes* hoch über der Talschlucht des Urubamba, zeigt eine komplexe Gliederung: Sie besteht aus einer Unterstadt in Halbkreisform und einer Anlage aus Tempeln und Palästen in der befestigten Oberstadt. Alle Bauwerke sind in einem ebenmäßigen, schlicht und sachlich wirkenden Mauerverband gebaut.

Ebenfalls am Lauf des Urubamba, dort, wo er den Amazonaswäldern zuströmt, erhebt sich die phantastische Inka-Festung Machu Picchu. Diese

Gegenüber:
Auf dem höchsten Punkt des bebauten Komplexes von Machu Picchu ragt der Opferstein empor wie eine abstrakte Skulptur.

Ein besonders interessantes Bauwerk aus Machu Picchu zeigt eine massive Trennmauer, die ursprünglich das Gebälk des Strohdachs trug.

Oben, links:
Die andenes *von Machu Picchu erklimmen die steilen Hänge: An drei Seiten steht diese Inka-Stadt über fast senkrechten Abgründen.*

Die ausgedehnten andenes *am Stadteingang von Machu Picchu. Einige Häuser sind mit neuen Strohdächern versehen worden und zeigen jetzt ihr ursprüngliches Aussehen, wie es die Inka vor einem halben Jahrtausend kannten.*

Stadt, die erst 1911 von dem amerikanischen Forscher Hiram Bingham entdeckt wurde, hatte die Zeit der spanischen Eroberer unbemerkt überlebt. Sie steht auf einem Berggrat zwischen zwei Gipfeln, die nach drei Seiten fast senkrecht abfallen. So bilden sie eine natürliche Festung, die von einer Flußschleife eingeschlossen wird und vom Talgrund aus nicht zu sehen ist.

Auf dem Gipfel dieser uneinnehmbaren und grandiosen Gebirgslandschaft lag eine ganze Stadt mit ihren Wohnvierteln, ihren Mauern, ihren Tempeln und ihrem Opferaltar unter der Urwaldvegetation begraben. Jetzt ist sie ausgegraben und widerhergestellt. Machu Picchu, wo alle Gebäude außer ihrem Gebälk und ihrem Strohdach erhalten geblieben sind, vermittelt uns eine Vorstellung vom Leben in einer Inka-Garnison, einem Vorposten am Amazonasbecken. Die Inka unterhielten fruchtbare Beziehungen zu den Volksstämmen des riesigen Amazonas-Waldgebietes, von denen sie edle Hölzer und Goldstaub kauften.

Allenthalben in Machu Pucchu finden sich der megalithische Mauerverband, der fast völlig ohne Dekor ist, und die für den späten Inka-Baustil des 16. Jahrhunderts typischen trapezförmigen Maueröffnungen. Alle diese Bauwerke, diese bemerkenswerten Techniken und die faszinierende Organisation des Inkareichs sollten mit der spanischen Eroberung verschwinden. Was uns aber so erschüttert, ist der Gedanke, daß weniger als 200 Europäer, einige Pferde, zwei jämmerliche Kanonen und einige Musketen genügten, um die bedeutendste Kultur der präkolumbischen Welt für immer zu vernichten...

Bildquellennachweis

Die 180 Farbfotos dieses Bandes stammen von Henri Stierlin, Genf, mit folgenden Ausnahmen:

Yvan Butler; Genf: Seite 9 rechts unten, Seiten 17, 24 rechts oben, Seiten 24 - 25, 25 rechts oben, Seiten 27, 29, 30, 36 rechts, Seite 42 unten, Seite 44 oben links, Seite 47 rechts oben, Seite 60 Mitte links und rechts, Seite 61 oben links und unten, Seiten 70, 71, 72, 73, 74, 86, 87, 88, 89, 90, 92, 95 unten;

Roland Burkhard, Genf: Seiten 10 - 11.

Die in den Sammlungen des Nationalmuseums für Anthropologie und Geschichte von Mexiko, des Museums von Oaxaca, des Museums von Palenque, des Museums von Villahermosa und des Museums von Lima gemachten Aufnahmen erfolgten mit freundlicher Genehmigung der Direktionen dieser Institutionen. Die Goldschmiedearbeiten aus Peru wurden im Völkerkunde-Museum von Genf aufgenommen und die präkolumbischen Gewebe in der Sammlung Abegg in Bern. Autor und Fotograf sagen für die Aufnahmegenehmigung herzlichen Dank.